독자의 1초를
아껴주는 정성을
만나보세요!

세상이 아무리 바쁘게 돌아가더라도 책까지 아무렇게나 빨리 만들 수는 없습니다.
인스턴트 식품 같은 책보다 오래 익힌 술이나 장맛이 밴 책을 만들고 싶습니다.
땀 흘리며 일하는 당신을 위해 한 권 한 권 마음을 다해 만들겠습니다.
마지막 페이지에서 만날 새로운 당신을 위해 더 나은 길을 준비하겠습니다.

길벗 IT 도서 열람 서비스

도서 일부 또는 전체 콘텐츠를 확인하고 읽어볼 수 있습니다.
길벗만의 차별화된 독자 서비스를 만나보세요.

더북(TheBook) ▶ https://thebook.io

더북은 (주)도서출판 길벗에서 제공하는 IT 도서 열람 서비스입니다.

AI 자율학습 밑바닥부터 배우는 AI 에이전트

Build AI Agents from Scratch

초판 발행 · 2025년 12월 12일

지은이 · 다비드스튜디오
발행인 · 이종원
발행처 · (주)도서출판 길벗
출판사 등록일 · 1990년 12월 24일
주소 · 서울시 마포구 월드컵로 10길 56(서교동)
대표 전화 · 02)332-0931 | **팩스** · 02)323-0586
홈페이지 · www.gilbut.co.kr | **이메일** · gilbut@gilbut.co.kr

기획 및 책임 편집 · 변소현(sohyun@gilbut.co.kr) | **제작** · 이준호, 손일순, 이진혁
마케팅 · 임태호, 전선하, 박민영, 서현정, 박성용 | **유통혁신** · 한준희 | **영업관리** · 김명자 | **독자지원** · 윤정아

교정교열 · 박민정 | **디자인** · 책돼지 | **전산편집** · 이상화 | **출력 및 인쇄** · 정민 | **제본** · 정민

▶ 이 책은 저작권법의 보호를 받는 저작물로 이 책에 실린 모든 내용, 디자인, 이미지, 편집 구성은 허락 없이 복제하거나 다른 매체에 옮겨 실을 수 없습니다.
▶ 인공지능(AI) 기술 또는 시스템을 훈련하기 위해 이 책의 전체 내용은 물론 일부 문장도 사용하는 것을 금지합니다.
▶ 잘못 만든 책은 구입한 서점에서 바꿔 드립니다.

ISBN 979-11-407-1693-7　93000
(길벗 도서번호 080476)

정가 24,000원

독자의 1초를 아껴주는 정성 길벗출판사

㈜도서출판 길벗 | IT단행본&교재, 성인어학, 교과서, 수험서, 경제경영, 교양, 자녀교육, 취미실용
www.gilbut.co.kr

길벗스쿨 | 국어학습, 수학학습, 주니어어학, 어린이단행본, 학습단행본
www.gilbutschool.co.kr

페이스북 · https://www.facebook.com/gbitbook
예제 소스 · https://github.com/gilbutITbook/080476

스스로 하는 AI 공부 ········· AI 자율학습

밑바닥부터 배우는
AI 에이전트

프레임워크 없이 5가지 워크플로 패턴으로 배우는
에이전트 설계 원리

다비드스튜디오 지음

지은이의 말

요즘 AI 에이전트가 대세입니다. 사용자를 대신해 방대한 자료를 조사하고 정리하는 리서치 에이전트, 복잡한 코드를 척척 작성하는 코딩 에이전트 등 다양한 분야에서 AI 에이전트가 활용되고 있습니다. 상황이 이렇다 보니 직접 AI 에이전트를 만들어보고 싶다고 생각하는 사람이 많습니다. 이 책은 그런 분들이 좀 더 효과적으로 에이전트를 설계하고 구현할 수 있도록 돕습니다.

AI 에이전트를 만들기 위한 도구가 현재 시중에 많이 나와 있습니다. 최근 출시된 에이전트키트(AgentKit), n8n과 같은 노코드 도구를 이용하면 코딩을 하지 않고도 에이전트를 만들 수 있습니다. 또한 랭체인(LangChain), 랭그래프(LangGraph) 등의 프레임워크를 활용하면 복잡한 에이전트 로직을 쉽게 구현할 수 있습니다. 그러나 선택지가 많다 보니 어디서 어떻게 시작해야 할지 더 혼란스럽기도 합니다. 게다가 이러한 도구와 프레임워크는 계속 업데이트되며 바뀝니다.

이에 필자는 변화하는 도구 대신 변하지 않는 원리인 '패턴'에 집중했습니다. 이 책에서 다루는 다섯 가지 워크플로 패턴(프롬프트 체이닝, 라우팅, 병렬 처리, 오케스트레이터-워커, 평가-최적화)은 시간이 지나도 변하지 않는 핵심 원리입니다. 이러한 패턴을 레고 블록처럼 다양하게 조립해 활용하면 더욱 정교하고 유연한 에이전트를 만들 수 있습니다.

이 책에서는 프레임워크 없이 순수 파이썬 코드로만 모든 패턴을 구현합니다. 프레임워크는 분명 편리하지만 그 안에서 무슨 일이 일어나는지 알 수 없습니다. 오류가 발생하면 어디가 문제인지 파악하기 어렵고, 원하는 대로 조금만 다르게 만들려 해도 정해진 틀을 벗어나게 됩니다. 그러나 순수 파이썬으로 구현하면 LLM을 어떻게 호출하는지, 데이터가 어떻게 흐르는지, 각 단계가 어떻게 연결되는지를 눈으로 보고 손으로 만지며 체득할 수 있습니다. 문제가 생겼을 때 정확히 어느 부분에서 무엇이 잘못됐는지 알 수 있으며, 원하는 방식으로 자유롭게 수정하고 확장할 수 있습니다. AI 에이전트를 완전히 장악하며 구현해보는 경험은 어떤 복잡한 요구 사항이라도 스스로 해결할 수 있는 힘을 길러줍니다.

"파이썬을 잘 알아야 하는 거 아니야?"라고 걱정하는 독자도 있을 것입니다. 이 책의 실습은 파이썬 기초 문법(변수, 조건문, 반복문, 함수) 정도만 알고 있다면 충분히 따라 할 수 있습니다. 모든 코드는 핵심 원리를 보여주는 데 집중하면서도 불필요하게 복잡한 문법이나 고급 기법을 사용하지 않고 최대한 간결하고 읽기 쉽게 작성했습니다. 코드를 보면 '아, 이렇게 돌아가는구나'라고 자연스럽게 이해할 수 있습니다.

또한 단순히 코드를 실행해보고 터미널에서 결과를 확인하는 데 그치지 않고, 챗GPT처럼 실제 웹에서 동작하는 에이전트를 구현합니다. 웹 브라우저에 직접 내용을 입력하고 버튼을 클릭해 결과를 확인하는 과정에서 코드가 어떻게 작동하는지 직관적으로 이해하게 됩니다. 그리고 이렇게 만든 에이전트를 직접 활용하거나 주변 사람에게 공유할 수도 있습니다. 즉 배움에서 끝나는 것이 아니라 바로 쓸 수 있는 실용적인 결과물을 얻게 됩니다.

오늘날 AI는 변화를 따라가기 벅찰 만큼 빠르게 발전하고 있습니다. 이러한 변화 속에서도 흔들리지 않는 원칙과 기본기를 갖추는 것이 중요합니다. 도구가 바뀌어도 패턴과 원리는 변하지 않습니다. 원리를 이해하고 있으면 어떤 도구를 손에 쥐든 빠르게 적응하고 창의적으로 응용할 수 있습니다. 이 책을 통해 기본기를 다지고 자신만의 멋진 AI 에이전트를 만들기를 바랍니다. 앞으로 펼쳐질 여러분의 개발 여정을 응원합니다!

지은이 다비드스튜디오 dabidstudio08@gmail.com

누구나 쉽게 AI와 코딩을 활용할 수 있도록 콘텐츠를 만들고 있는 유튜버이자 컨설턴트입니다. 최신 AI 개발 트렌드와 도구를 소개하며, AI 엔지니어링과 LLM 애플리케이션 개발에 관심이 있는 이들에게 실습 중심의 콘텐츠를 통해 유용한 튜토리얼을 제공합니다. 저서로 『입문자를 위한 맞춤형 AI 프로그램 만들기』(길벗, 2025)가 있습니다.

유튜브 https://www.youtube.com/@dabidstudio08

🤖 베타 학습단의 한마디

이 책은 다섯 가지 워크플로 패턴을 통해 AI 에이전트 설계의 본질을 다룹니다. 프레임워크를 이용하지 않기 때문에 업데이트 등 외부 변화의 영향을 받지 않는 근본 원리를 다룬다는 것이 가장 큰 강점입니다. 특히 5장의 오케스트레이터-워커와 6장의 평가-최적화에서는 실제 상용 서비스에 필수적인 계층적 구조와 에이전트의 자율성 구현을 깊이 있게 다룹니다. AI 에이전트를 직접 설계하고 최적화하는 능력을 키우고자 하는 독자에게 최적의 교재입니다. _강경목

프레임워크 없이 파이썬으로만 구현한 코드를 보며 AI 에이전트의 의사결정 패턴을 근본적으로 이해했습니다. 워크플로 패턴의 핵심 구조를 익힌 덕분에 앞으로 프레임워크를 더욱 능숙하게 활용할 수 있겠다는 자신감이 생겼고, 직접 워크플로 패턴을 설계할 수 있는 새로운 시각도 얻었습니다. _박규진

이 책은 다섯 가지 워크플로 패턴을 통해 다양한 상황에 맞는 에이전트를 만들 수 있도록 안내합니다. 실습 과정에서 에이전트의 개념을 명확하게 정립할 수 있고, 생성-동작-평가 과정을 통해 AI 에이전트를 깊이 이해할 수 있습니다. 프레임워크에서 벗어나 나만의 에이전트를 만들고 싶은 독자에게 추천합니다. _임승민

'에이전트 만드는 법을 파이썬 코드로 이해하고 싶은 사람'에게 딱 들어맞는 책입니다. 프레임워크 없이 에이전트를 구현하는 다섯 가지 워크플로 패턴을 실습할 수 있도록 예제를 제공하고, 코드의 작동 흐름을 이해하기 쉽게 설명합니다. 초보자도 어렵지 않게 이해할 수 있도록 코드를 나눠 단계적으로 설명하고, 코드 블록마다 '왜 이렇게 설계하는가?'에 대한 의도가 충분히 설명돼 있어 에이전트 내부 흐름을 직접 구현해보는 느낌을 받을 수 있습니다. 에이전트 개발을 처음 접하는 사람뿐 아니라 에이전트 설계가 구조적으로 막연하게 느껴지는 개발자에게도 유용합니다. n8n, Make, Zapier 등의 노코드 자동화 도구를 이용해 개발할 때도 이 책에서 소개하는 워크플로 패턴을 적용하길 추천합니다. _이영준

이 책을 읽고 나면 간단한 AI 에이전트를 프레임워크 없이 직접 만들 수 있습니다. 복잡하지 않은 예제로 구성돼 있어 입문자도 책 제목처럼 밑바닥부터 에이전트를 직접 만들어볼 수 있고, 숙련자는 라우팅, 병렬 처리 등 에이전트 구현에 많이 활용되는 패턴을 익힐 수 있습니다. 전체적인 구성이 '워크플로 패턴 이해→에이전트 내부 구현→ 웹 UI 구현' 순으로 이뤄져 있어 에이전트의 구조를 이해하고 응용하기에 좋습니다. _강찬석

이 책은 AI 에이전트의 기본 개념부터 실제 구현까지 체계적으로 안내합니다. 파이썬을 활용하지만 개발 경험이 없는 사람도 순서대로 따라 하면 성공적인 결과를 얻을 수 있습니다. 에이전트의 핵심 이론을 설명하고, 예제를 통해 실제 구현 과정을 끝까지 보여줍니다. 단순히 AI 기능을 소비하는 수준을 넘어 자신의 업무에 맞는 AI 에이전트를 설계·구현·운용하는 방법을 익힐 수 있습니다. 이제 '남의 AI'를 쓰는 대신 '나만의 AI 에이전트'를 만들어 활용해 보세요. **_김동우**

이 책은 파이썬 기초 지식만 갖추고 있어도 AI 에이전트 구현을 쉽게 따라 할 수 있도록 구성됐습니다. 그리고 파이썬과 스트림릿에 대해 꼭 알아야 할 내용만 담고 있어 쉽고 빠르게 이해하는 데 도움이 됩니다. AI 에이전트를 구현하며 문제 해결 방식을 고민해볼 수 있는 좋은 기회가 될 것입니다. **_연관모**

이 책을 읽으면 초보자도 AI 에이전트의 작동 원리를 대략적으로 이해할 수 있습니다. AI 에이전트를 만드는 방법의 세부적인 내용을 알지 못하더라도 책에 제시된 코드를 따라 하다 보면 자신이 원하는 AI 에이전트를 구현할 수 있을 것입니다. **_성규석**

책 소개

오늘날 AI는 단순히 질문에 답하는 수준을 넘어, 여러 단계를 거쳐 문제를 분석하고 해결책을 내놓는 에이전트 형태로 발전하고 있습니다. 이 책은 AI 에이전트를 만들기 위한 다섯 가지 워크플로(작업 흐름) 패턴을 소개하고, 순수 파이썬 코드로 직접 구현합니다.

- ① 프롬프트 체이닝
- ② 라우팅
- ③ 병렬 처리
- ④ 오케스트레이터-워커
- ⑤ 평가-최적화

이러한 패턴은 여러 연구와 사례에 공통적으로 등장하며, 특히 앤트로픽(Anthropic)의 「Building Effective Agents(효과적인 AI 에이전트 구축하기)」라는 글에 잘 정리돼 있습니다. 이 책은 이 글을 참고해 구성했습니다.

- 참고 자료 https://www.anthropic.com/engineering/building-effective-agents

본문의 워크플로 예제는 실무용이 아니라 원리를 체득하기 위한 학습용 코드입니다. 하지만 단순히 개념을 실습하는 데 그치지 않고 실제로 어떻게 응용할 수 있는지 활용 사례를 같이 제시하므로 자신만의 에이전트를 만드는 데 유용한 아이디어를 얻을 수 있습니다.

대상 독자

이 책은 다음과 같은 독자를 대상으로 하며, 파이썬 기초 문법에 관한 선행 지식이 필요합니다.

- AI 에이전트 설계 및 구현에 관심이 있는 개발자
- 실무에서 맞춤형 AI 솔루션을 개발해야 하는 개발자
- AI 에이전트의 워크플로를 이해해 업무에 적용하고 싶은 기획자·PM
- AI 에이전트가 무엇인지, 어떻게 만드는지 처음부터 배우고 싶은 사람

실습 환경과 동영상 강의

이 책의 예제를 실습하는 데 필요한 환경은 다음과 같습니다.

- **파이썬:** 3.12.4 이상
- **코드 에디터:** VSCode

다음 링크에 접속하면 이 책의 기반인 동영상 강의를 볼 수 있습니다.

- **링크** https://gilbut.co/c/25119182UJ

소스 코드 안내

이 책에서 사용하는 소스 코드는 길벗출판사 웹 사이트에서 도서명을 검색해 내려받거나, 다음 저장소에서 [Code] 버튼을 클릭한 후 [Download ZIP]을 선택해 내려받을 수 있습니다.

- **길벗출판사 웹 사이트** https://www.gilbut.co.kr
- **길벗출판사 깃허브** https://github.com/gilbutITbook/080476

소스 코드는 2개의 폴더로 구성돼 있습니다.

- **ai_agent:** 모든 실습을 완료했을 때의 완성 파일입니다.
- **resource:** 실습용 준비 파일로, 완성 파일(예: ch01_test_openai.py)과 동일한 이름의 텍스트 파일(예: ch01_test_openai.txt)입니다. 모든 실습에서 코드를 직접 입력해도 되고, 준비 파일의 코드를 복사해 붙여넣어도 됩니다.

실습 시 주의 사항

이 책의 예제를 실습할 때 다음 내용을 참고하세요.

- 이 책에서 사용하는 LLM은 오픈AI의 GPT 모델(gpt-4o, o3 등)입니다.
- 프로그램을 실행하기 위해 오픈AI의 API Key를 발급받고 최소 5달러의 크레딧을 충전해야 합니다. API Key 발급에 관한 내용은 **1.2.4절**에 자세히 설명돼 있습니다.
- LLM의 특성상 실행할 때마다 응답이 달라지기 때문에 본문에 제시된 출력 결과와 다를 수 있으나 학습하는 데에는 문제가 없습니다.

차례

1장 AI 에이전트 소개 및 실습 환경 설정 ... 015

1.1 AI 에이전트 개요 016
- 1.1.1 AI 에이전트의 개념 016
- 1.1.2 프레임워크 없이 만드는 이유 017
- 1.1.3 이 책의 구성 018
- 1.1.4 다섯 가지 워크플로 패턴 019

1.2 에이전트 맛보기 023
- 1.2.1 소스 코드 붙여넣기 023
- 1.2.2 가상 환경 생성하기 025
- 1.2.3 패키지 설치하기 028
- 1.2.4 API Key 발급받기 029
- 1.2.5 에이전트 실행하기 034

1.3 API 기본 사용법 037
- 1.3.1 API의 개념 037
- 1.3.2 API로 LLM 호출하기 039

마무리 046

2장 프롬프트 체이닝 ... 049

2.1 프롬프트 체이닝 개요 050
- 2.1.1 프롬프트 체이닝의 개념 050
- 2.1.2 프롬프트 체이닝의 장점 051
- 2.1.3 주요 활용 사례 052

2.2 프롬프트 체이닝 에이전트 만들기 055
- 2.2.1 에이전트 미리 보기 055
- 2.2.2 단계별 구현하기 055

2.3 에이전트 UI 완성하기 064
    2.3.1 UI 미리 보기 064
    2.3.2 UI 완성하기 065

마무리 069
정리하기 퀴즈 071

3장 라우팅 073

3.1 라우팅 개요 074
    3.1.1 라우팅의 개념 074
    3.1.2 라우팅의 장점 075
    3.1.3 주요 활용 사례 076

3.2 라우팅 에이전트 만들기 079
    3.2.1 에이전트 미리 보기 079
    3.2.2 단계별 구현하기 079

3.3 에이전트 UI 완성하기 090
    3.3.1 UI 미리 보기 090
    3.3.2 UI 완성하기 091

마무리 096
정리하기 퀴즈 097

4장 병렬 처리 099

4.1 병렬 처리 개요 100
    4.1.1 병렬 처리의 개념 100
    4.1.2 병렬 처리의 장점 102

4.1.3 주요 활용 사례 102

4.2 병렬 처리 에이전트 만들기 105

    4.2.1 에이전트 미리 보기 105

    4.2.2 단계별 구현하기 106

4.3 에이전트 UI 완성하기 116

    4.3.1 UI 미리 보기 116

    4.3.2 UI 완성하기 117

마무리 121

정리하기 퀴즈 123

5장 오케스트레이터-워커 125

5.1 오케스트레이터-워커 개요 126

    5.1.1 오케스트레이터-워커의 개념 126

    5.1.2 오케스트레이터-워커의 장점 128

    5.1.3 주요 활용 사례 128

5.2 오케스트레이터-워커 에이전트 만들기 132

    5.2.1 에이전트 미리 보기 132

    5.2.2 단계별 구현하기 133

5.3 에이전트 UI 완성하기 148

    5.3.1 UI 미리 보기 148

    5.3.2 UI 완성하기 149

마무리 155

정리하기 퀴즈 157

6장 평가-최적화 159

6.1 평가-최적화 개요 160
- 6.1.1 평가-최적화의 개념 160
- 6.1.2 평가-최적화의 장점 161
- 6.1.3 주요 활용 사례 161

6.2 평가-최적화 에이전트 만들기 164
- 6.2.1 에이전트 미리 보기 164
- 6.2.2 단계별 구현하기 165

6.3 에이전트 UI 완성하기 173
- 6.3.1 UI 미리 보기 173
- 6.3.2 UI 완성하기 174

마무리 179

정리하기 퀴즈 181

부록 스트림릿 기본 사용법 183

A.1 스트림릿 개요 184
- A.1.1 스트림릿 소개 184
- A.1.2 스트림릿 파일 생성하고 실행하기 185

A.2 텍스트 출력하기 190
- A.2.1 기본 텍스트 출력하기 190
- A.2.2 마크다운 출력하기 191
- A.2.3 제목 출력하기 192
- A.2.4 만능 출력 함수 사용하기 193

A.3 레이아웃 설정하기 196

- A.3.1 단순화와 맞춤화 196
- A.3.2 기본 레이아웃 197
- A.3.3 열 레이아웃 197
- A.3.4 사이드바 레이아웃 199
- A.3.5 페이지 환경 설정하기 201

A.4 위젯 사용하기 204

- A.4.1 위젯의 개요 204
- A.4.2 버튼 위젯 206
- A.4.3 입력 위젯 208
- A.4.4 선택형 위젯 211
- A.4.5 파일 위젯 212

A.5 세션 상태 관리하기 217

- A.5.1 세션 상태 없이 카운터 만들기 217
- A.5.2 세션 상태로 카운터 만들기 218

정리하기 퀴즈 정답 221

찾아보기 224

1장
AI 에이전트 소개 및 실습 환경 설정

이 장에서는 AI 에이전트의 기본 개념과 핵심 패턴을 소개하고, 이를 프레임워크 없이 파이썬과 오픈 AI API만으로 구현하는 이유를 설명합니다. 그리고 실제 코드를 작성하고 실행하는 데 필요한 실습 환경을 설정한 후, 실습 환경이 제대로 설정됐는지 확인하기 위해 간단한 에이전트 프로그램을 실행 해봅니다.

1.1 AI 에이전트 개요

1.1.1 AI 에이전트의 개념

최근 인공지능 분야에서 **AI 에이전트**(AI agent) 또는 **에이전틱 시스템**(agentic system)이 주목받고 있습니다. AI 에이전트는 주어진 목표를 달성하기 위해 외부 환경과 상호작용하면서 자율적으로 행동하는 시스템을 말합니다.

AI 에이전트는 시스템마다 수준이 다양합니다. 하나의 질문에 답변하는 간단한 챗봇도 있고, 사용자의 목표를 이해하고 여러 단계를 수행하는 복잡한 시스템도 있습니다. 따라서 어떤 시스템이 에이전트인지 아닌지 명확히 구분하기가 어렵습니다. 이에 스탠퍼드대학교의 앤드루 응(Andrew Ng) 교수는 특정 시스템을 에이전트라고 단정하기보다 '얼마나 에이전트다운가(agentic)', 즉 에이전트의 특성이 얼마나 많은지를 기준으로 판단해야 한다고 말했습니다.

주요 AI 기업은 다음 표와 같이 에이전트를 정의했습니다. 자세한 내용은 정의의 출처를 참고하세요.

표 1-1 에이전트에 대한 주요 AI 기업의 정의

기업	에이전트의 정의
앤트로픽	LLM이 작업을 수행하는 과정에서 필요한 도구를 스스로 결정하고, 작업을 완료하기까지 전 과정을 능동적으로 제어하는 시스템(출처: www.anthropic.com/engineering/building-effective-agents)
구글	목표를 달성하기 위해 세상을 관찰하고 도구를 이용해 행동을 수행하는 시스템(출처: www.kaggle.com/whitepaper-agents)
오픈AI	사용자를 대신해 높은 자율성을 바탕으로 작업을 수행하는 시스템(출처: cdn.openai.com/business-guides-and-resources/a-practical-guide-to-building-agents.pdf)

이 책에서는 순차적인 흐름을 따라가며 작업하는 단순한 에이전트부터 목표를 분석하고 세부 계획을 세워 결과를 도출하는 고도화된 에이전트까지 다양한 수준의 에이전트를 만들 것이며, 이러한 과정에서 에이전트의 작동 원리와 구조를 익힐 수 있습니다.

> **NOTE LLM**
>
> **LLM**(Large Language Model, 대형 언어 모델)은 대용량의 언어 데이터를 가지고 학습한 AI 모델입니다. 대표적인 LLM은 오픈AI의 GPT, 구글의 제미나이(Gemini), 앤트로픽의 클로드(Claude) 등이며, 이 책에서는 GPT를 사용할 것입니다. 앞으로 'LLM 호출'이라는 말이 자주 등장할 텐데, 이는 'GPT에게 어떤 입력(프롬프트)을 주고 그에 대한 응답을 받는 과정'이라고 이해하면 됩니다.

1.1.2 프레임워크 없이 만드는 이유

랭체인(LangChain), 랭그래프(LangGraph), 라마인덱스(LlamaIndex) 등 AI 에이전트를 빠르게 구현할 수 있도록 도와주는 프레임워크가 속속 출시되고 있습니다. 이러한 프레임워크를 활용하면 복잡한 로직으로 작동하는 에이전트를 쉽게 개발할 수 있습니다.

그림 1-1 다양한 AI 에이전트 프레임워크

현업에서는 AI 에이전트 프레임워크를 많이 사용하지만, 이 책에서는 다음과 같은 이유로 프레임워크를 사용하지 않고 **파이썬과 오픈AI API만 이용해 에이전트를 구현**하겠습니다.

내부 작동 원리에 대한 명확한 이해

프레임워크는 코딩 시 많은 과정을 내부에서 알아서 처리(추상화)하기 때문에 편리한 도구입니다. 하지만 코드가 어떻게 호출되고 어떻게 응답을 받아오는지 등 그 이면에서 벌어지는 일을 알기 어렵습니다. 반면 파이썬과 오픈AI API만으로 에이전트를 구현하면 데이터의 흐름, LLM 호출 구조, 각 패턴의 핵심 로직 등을 명확히 이해할 수 있습니다.

유연한 커스터마이징

코드를 직접 작성하면 예상치 못한 오류나 예외 상황이 발생했을 때 더 빠르고 정확하게 문제를 진단하고 수정할 수 있습니다. 또한 프레임워크가 정해놓은 틀에 얽매이지 않고 자신만의 로직을 자유롭게 설계할 수 있어 커스터마이징에 유리합니다.

복잡성 최소화

많은 프레임워크는 복잡한 기능을 염두에 두고 설계돼 있기 때문에, 프레임워크를 사용하면 간단한 워크플로(작업 흐름)조차 불필요하게 복잡해질 수 있습니다. 실제로 오픈AI API를 활용해 직접 LLM을 호출하면 대부분의 기본적인 에이전틱 워크플로(에이전트가 스스로 판단해 여러 단계의 작업을 이어서 처리하는 흐름)를 수십 줄 이내의 파이썬 코드로 충분히 구현할 수 있습니다. 즉 최소한의 구성으로 원하는 성능을 발휘하면서도 로직이 간결하고 이해하기 쉬운 코드를 작성할 수 있습니다.

AI 개발의 기반

하루가 다르게 기술이 발달하고 새로운 프레임워크가 계속 등장하고 있습니다. 이럴 때일수록 직접 LLM을 호출하는 API를 다루고 에이전트의 구조를 설계하는 능력을 키우는 것이 중요합니다. 이는 시대가 바뀌어도 변하지 않는 핵심 역량으로, 앞으로 어떤 프레임워크나 도구를 사용하더라도 빠르게 적응하고 문제를 창의적으로 해결하는 데 큰 도움이 될 것입니다. 최근에는 Make, n8n 등 노코드 툴이나 GUI 기반 에이전트 빌더가 널리 활용되고 있는데, 프레임워크 없이 AI 에이전트를 개발한 경험은 이러한 도구를 사용할 때도 개념을 정확히 이해하고 응용하는 데 밑거름이 됩니다.

1.1.3 이 책의 구성

AI 에이전트는 사용자의 요청을 처리하기 위해 여러 단계를 거칩니다. 이때 작업 단계를 어떤 구조로 묶고 어떤 흐름으로 연결하느냐를 정리한 것을 **워크플로 패턴**(workflow pattern)이라고 합니다.

이 책에서는 AI 에이전트를 만들기 위한 다섯 가지 워크플로 패턴을 소개합니다. 이를 위해 1장에서 실습 환경을 설정하고, LLM 호출을 위한 API 기본 사용법을 익힙니다. 그리고 2~6장에서 본격적으로 워크플로 패턴을 이용해 AI 에이전트를 만듭니다. 처음에는 터미널에서 실행 결과를 출력하고, 이후 웹 서비스 형태로 만들어 챗GPT처럼 웹 화면에서 작동하도록 AI 에이전트를 구현합니다.

AI 에이전트의 웹 화면을 구현하는 데에는 스트림릿을 사용합니다. **스트림릿**(Streamlit)은 파이썬으로 웹 화면을 만들 수 있게 해주는 패키지로, 이를 이용하면 별도의 웹 프로그래밍 언어를 사용하지 않고도 파이썬만으로 직관적이고 근사한 웹 페이지를 제작할 수 있습니다. 스트림릿을 처음 접하는 독자는 [부록]을 참고해 스트림릿의 기본 문법을 익히고 본문을 공부하기 바랍니다.

표 1-2 이 책의 구성

다루는 내용	관련 장
실습 환경 설정 및 LLM 호출을 위한 API 사용법	1장: AI 에이전트 소개 및 실습 환경 설정
에이전트 구현을 위한 워크플로 패턴 실습	2장: 프롬프트 체이닝
	3장: 라우팅
	4장: 병렬 처리
	5장: 오케스트레이터-워커
	6장: 평가-최적화
화면 구현을 위한 스트림릿 사용법	부록: 스트림릿 기본 사용법

1.1.4 다섯 가지 워크플로 패턴

AI 에이전트는 문제 해결 방식에 따라 프롬프트 체이닝, 라우팅, 병렬 처리, 오케스트레이터-워커, 평가-최적화 워크플로 패턴으로 구현합니다.

프롬프트 체이닝

프롬프트 체이닝(prompt chaining)은 질문에 대한 최종 응답을 얻기 위해 단계를 나눠 LLM을 호출하는 방식입니다. 사슬(chain)처럼 각 단계의 출력이 다음 단계의 입력으로 사용되며, 이를 통해 복잡한 문제를 해결합니다.

그림 1-2 프롬프트 체이닝

2장에서는 프롬프트 체이닝을 이용해 사용자에게 딱 맞는 여행지를 추천하는 에이전트를 만듭니다. 사용자가 선호하는 여행의 유형을 입력하면 첫 번째 LLM 호출에서 여행지 세 곳을 추천하고, 두 번째 LLM 호출에서 이 세 곳 중 최적의 여행지를 선정합니다. 마지막 세 번째 LLM 호출에서는 선정된 여행지의 상세한 여행 계획을 세웁니다.

라우팅

라우팅(routing)은 사용자의 질문을 분석해 여러 경로 중 하나를 선택하는 방식입니다.

그림 1-3 라우팅

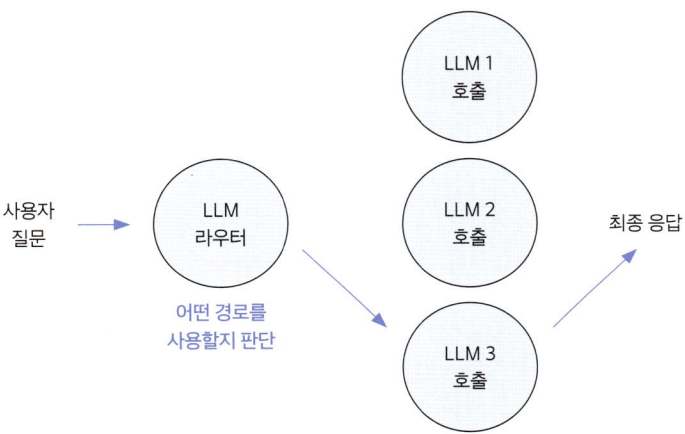

3장에서는 사용자의 질문에 따라 AI 모델을 선택하는 에이전트를 만듭니다. 간단한 상식 수준의 질문을 입력하면 경량 모델(GPT-4o mini)을 활용하는 LLM 1을 호출하고, 'API 서버를 만들어 줘'와 같은 복잡한 작업을 요청하면 추론 모델(o3)을 활용하는 LLM 3을 호출합니다. 경로는 AI 모델의 성능뿐 아니라 업무의 주체와 역할 등 다양한 기준으로 나눌 수 있습니다.

병렬 처리

병렬 처리(parallelization)는 사용자의 질문에 대해 여러 LLM을 동시에 호출해 다양한 응답을 얻고, 애그리게이터(aggregator, 통합기)가 이를 종합해 최적의 응답을 출력하는 방식입니다.

4장에서는 최적의 번역문을 출력하는 에이전트를 구현합니다. 번역할 문장을 입력하면 GPT-4o, GPT-4o mini, o3를 동시에 호출해 각각의 번역 결과를 얻고, 세 가지 결과를 비교해 가장 적절한 번역문을 출력합니다.

그림 1-4 병렬 처리

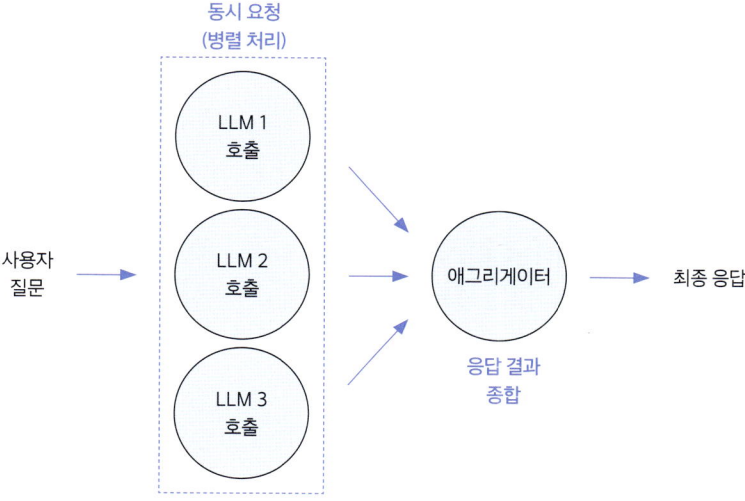

오케스트레이터-워커

오케스트레이터-워커(orchestrator-worker)는 복잡한 작업을 처리하기 위해 여러 개의 하위 작업으로 나눈 후 각각의 작업을 개별 LLM 호출로 처리해 그 결과를 종합하는 방식입니다. 관리자 역할을 하는 **오케스트레이터**가 작업을 분석해 하위 작업으로 분해하고, **워커**가 각각의 작업을 부여받아 자신만의 관점으로 정밀한 응답을 생성합니다.

그림 1-5 오케스트레이터-워커

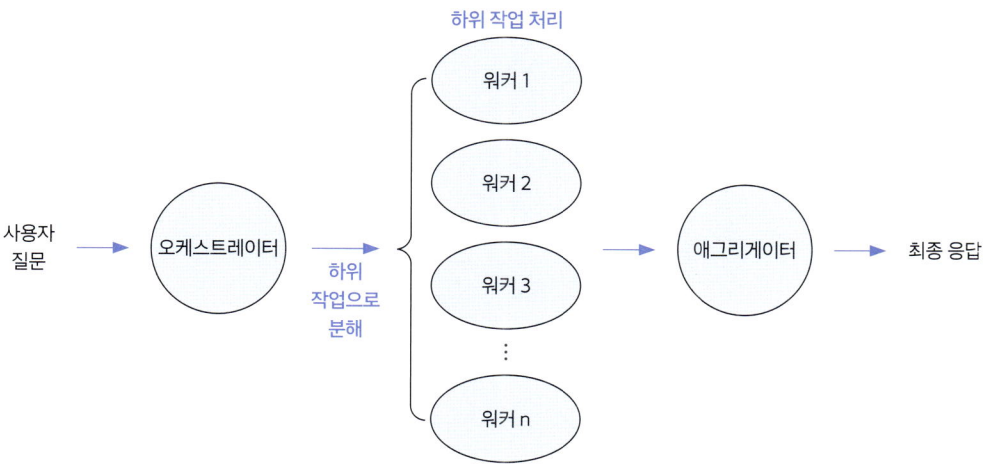

5장에서는 심층 보고서를 작성하는 리서치 에이전트를 구현합니다. 'AI가 미래 일자리에 미칠 영향'에 관한 질문을 입력하면 오케스트레이터가 여러 하위 질문으로 나누고, 워커가 각각의 질문을 처리한 후, 애그리게이터가 워커의 응답을 종합해 최종 보고서를 출력합니다.

평가-최적화

평가-최적화(evaluator-optimizer)는 두 LLM이 상호작용하면서 응답의 품질을 높이는 방식입니다. 평가 에이전트가 응답에 대해 점수를 매기거나 피드백을 제공하고, 최적화 에이전트가 이를 반영해 다시 응답하며, 이러한 과정을 반복해 평가 기준을 충족하는 최종 응답을 도출합니다.

그림 1-6 평가-최적화

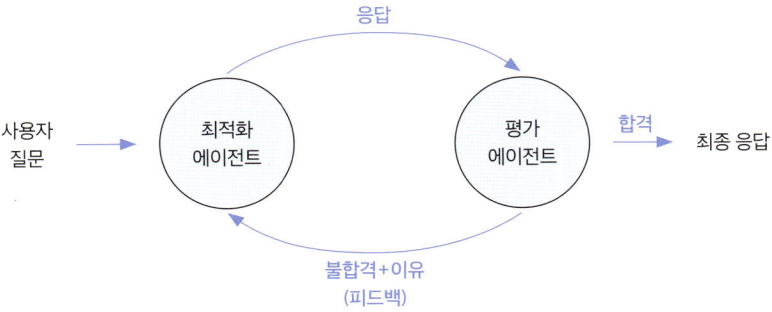

6장에서는 긴 문서를 요약하는 에이전트를 만듭니다. 요약본은 정확성, 간결성, 문법 준수 등의 평가 기준을 충족할 때까지 반복적으로 개선되며, 모든 평가 기준을 통과하면 최종적으로 출력됩니다. 이때 피드백을 반영해 재요약하는 과정을 최대 5회 반복합니다.

프롬프트 체이닝, 라우팅, 병렬 처리, 오케스트레이터-워커, 평가-최적화 다섯 가지 워크플로 패턴을 실습하고 나면 AI 에이전트의 작동 원리를 이해함으로써 나만의 창의적이고 맞춤화된 에이전트를 개발할 수 있는 토대가 마련됩니다. 또한 다섯 가지 워크플로 패턴을 레고 블록처럼 조합하면 다양한 상황에 맞는 에이전트를 만들 수 있습니다.

1.2 에이전트 맛보기

코딩 공부를 하는 효과적인 방법 중 하나는 **완성된 프로그램을 직접 실행해보는 것**입니다. 프로그램이 작동하는 것을 눈으로 확인하면 프로그램 실행에 대한 피드백을 바로바로 받을 수 있고, 앞으로 어떤 프로그램이 될지 알 수 있어 흥미롭고 재미도 있습니다.

여기서는 **2장**의 완성 코드를 실행하며 AI 에이전트를 체험해봅시다. AI 에이전트를 실습하려면 파이썬 3.12.4 버전이 설치돼 있어야 합니다. 다른 버전의 경우 일부 코드가 제대로 작동하지 않을 수 있습니다. 또한 코드 에디터는 VSCode를 사용합니다.

1.2.1 소스 코드 붙여넣기

이 책의 **소스 코드** > ai_agent > ch02_prompt_chaining_ui.py 파일을 선택하고 마우스 오른쪽 버튼을 눌러 [메모장에서 편집]을 클릭합니다. 메모장이 열리면 Ctrl + A, Ctrl + C를 눌러 전체 코드를 복사합니다.

그림 1-7 전체 코드 복사

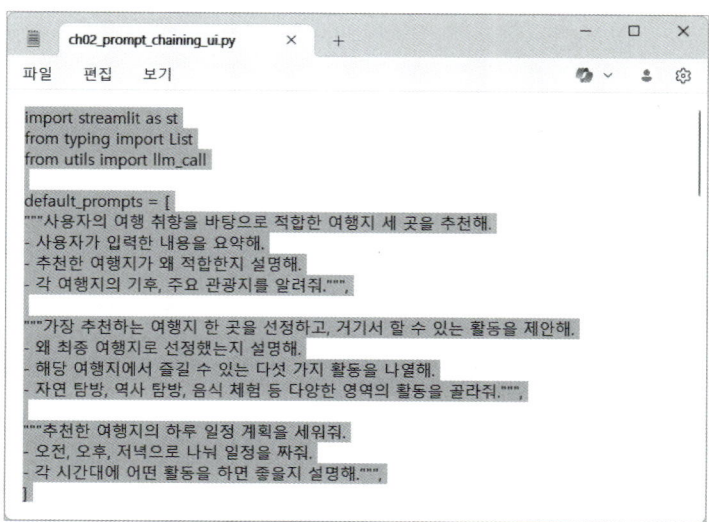

바탕화면에 **ai_agent**라는 폴더를 만들고, 앞으로 작성할 AI 에이전트 코드는 이 폴더에 저장합니다. VSCode에서 ai_agent 폴더를 열고 **main.py**라는 파일을 생성한 후, 앞에서 복사한 코드를 붙여넣고(Ctrl+V) 저장합니다(Ctrl+S).

그림 1-8　main.py에 소스 코드 붙여넣기

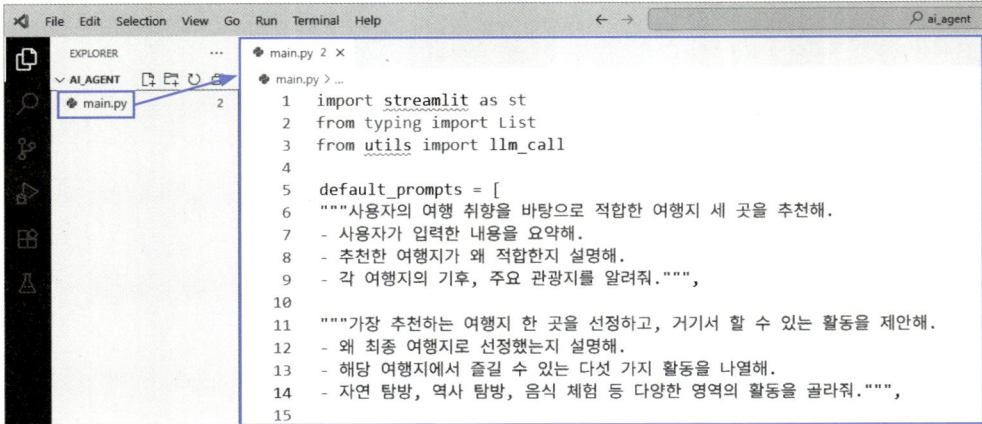

같은 방식으로 **utils.py** 파일의 코드를 복사해 **utils.py** 파일을 생성한 후 붙여넣고 저장합니다.

그림 1-9　utils.py에 소스 코드 붙여넣기

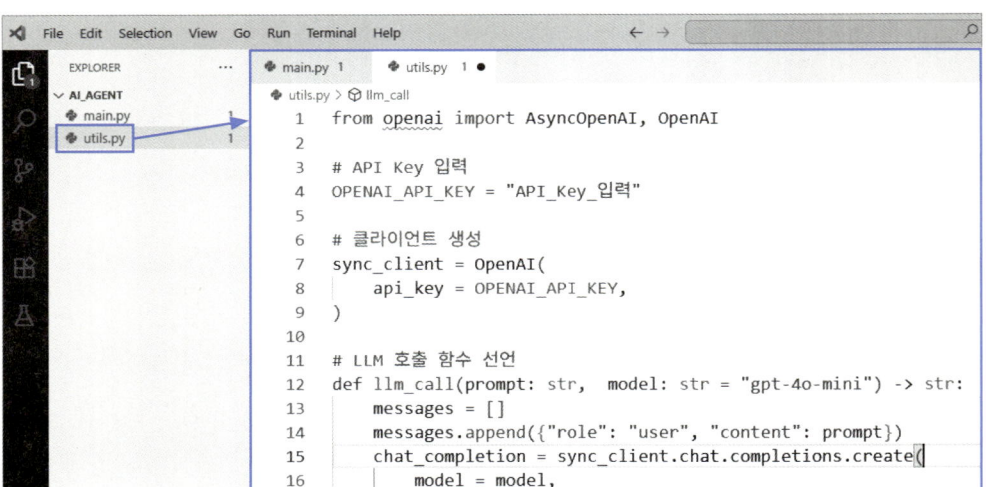

1.2.2 가상 환경 생성하기

컴퓨터에 파이썬을 설치하면 파이썬 실행 환경 하나가 자동으로 생성됩니다. 하지만 상황에 따라 파이썬 실행 환경이 여러 개 필요할 수도 있는데, 이러한 각각의 실행 환경을 **가상 환경**이라고 합니다. 가상 환경을 만들면 프로그램마다 독립된 환경에 패키지를 설치해 실행할 수 있습니다. 프로그램마다 필요한 패키지가 다르고, 심지어 같은 패키지라도 버전에 따라 실행되지 않을 수도 있기 때문에 가상 환경을 통해 안정적인 실행 환경을 만들어 활용하는 것이 좋습니다.

그림 1-10 가상 환경의 개념

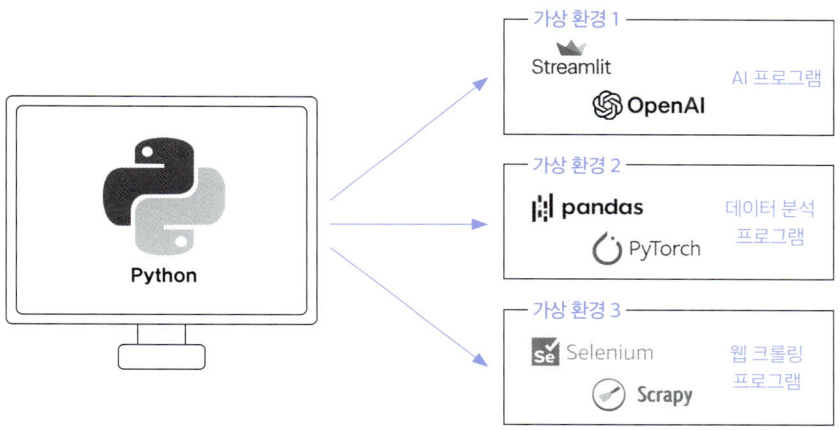

가상 환경을 생성하기 위해 다음 명령을 터미널에 입력합니다.

```
Terminal
> python -m venv venv    ---- 윈도우
> python3 -m venv venv   ---- 맥OS
```

탐색기에 [venv] 폴더가 보인다면 가상 환경이 제대로 생성된 것입니다.

그림 1-11 가상 환경 생성

가상 환경을 이용하려면 가상 환경을 활성화해야 합니다. 다음 명령을 입력해 방금 만든 가상 환경을 활성화합니다.

```
Terminal
> venv\scripts\activate    ------ 윈도우
> source venv/bin/activate  --- 맥OS
```

가상 환경이 활성화되면 터미널 창 앞에 (venv)라는 기호가 추가됩니다.

그림 1-12 가상 환경 활성화 1

```
● PS C:\Users\gilbut\Desktop\ai_agent> venv\scripts\activate
○ (venv) PS C:\Users\gilbut\Desktop\ai_agent>
```

> **NOTE** (venv) 기호가 추가되지 않는 경우
>
> '보안 오류: (:) [], PSSecurityException' 키워드가 포함된 오류 메시지가 나타나고 (venv) 기호가 추가되지 않는다면 PowerShell이 보안상의 이유로 스크립트 실행을 거부했기 때문입니다. 이 문제를 해결하려면 PowerShell의 실행 정책을 변경해 스크립트 실행을 허용해야 합니다.
>
> ❶ 윈도우의 검색창에서 **Windows PowerShell**을 검색한 후 마우스 오른쪽 버튼을 누르고 [관리자로 실행]을 선택합니다. 권한 허용 여부를 묻는 창이 나타나면 [예]를 클릭합니다.
>
> ❷ Windows PowerShell에서 다음 명령을 실행해 PowerShell의 실행 정책을 변경합니다.
>
> ```
> Terminal
> > Set-ExecutionPolicy RemoteSigned -Scope CurrentUser
> ```
>
> ❸ [Y]를 선택해 실행 정책을 변경한 후 다시 가상 환경을 활성화하면 (venv) 기호가 나타납니다.

가상 환경을 활성화한 후 화면 오른쪽 아래에 'We noticed a new environment has been created. Do you want to select it for the workspace folder?'라는 메시지가 나타나면 [Yes] 버튼을 클릭합니다. 그러면 화면 오른쪽 하단의 파이썬 버전이 **3.12.4 (venv)**로 바뀝니다.

그림 1-13 가상 환경 활성화 2

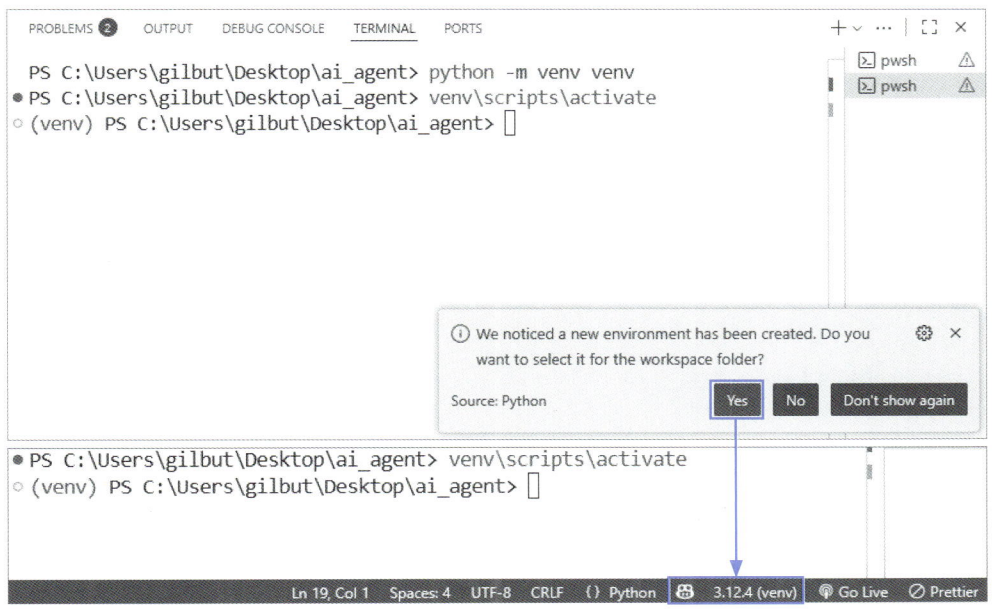

> **NOTE** 가상 환경 설정 메시지가 나타나지 않는 경우
>
> 화면 오른쪽 아래에 'We noticed a new …'라는 메시지가 나타나지 않고 파이썬 버전이 3.12.4로 표시된다면 Ctrl + Shift + P (맥OS는 command + shift + P)를 눌러 커맨드 팔레트를 띄우고 **Python: Select Interpreter**를 선택합니다. 그런 다음 목록에서 **Python 3.12.4 (venv)** 가상 환경을 선택하면 파이썬 버전이 3.12.4 (venv)로 표시되며, VSCode가 가상 환경을 정확히 사용하게 됩니다.

그림 1-14 가상 환경 직접 설정

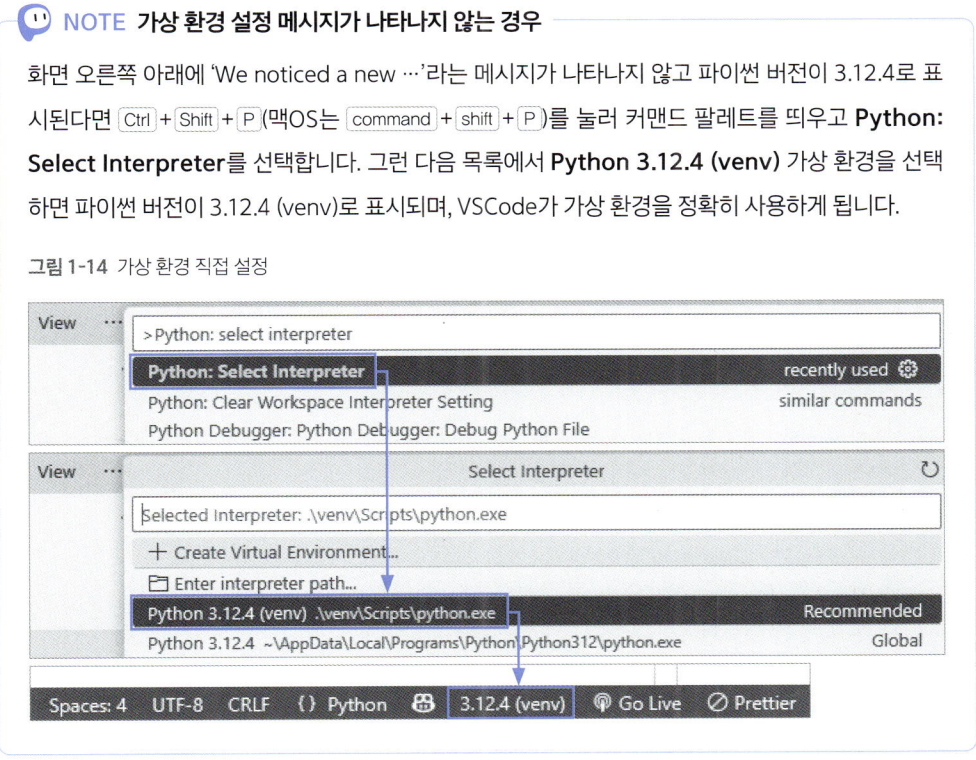

1.2.3 패키지 설치하기

파이썬에는 특정 작업을 더 쉽게 처리하기 위해 미리 만들어둔 코드가 있습니다. 이러한 코드는 잘 정리된 **패키지**(package) 형태로 제공되며, 누구나 가져다 쓸 수 있습니다. 소스 코드 맨 위의 import로 시작되는 부분이 바로 패키지를 불러오는 코드입니다. 그런데 main.py 파일은 streamlit 패키지가, utils.py 파일은 openai 패키지가 설치되지 않은 상태라 물결(오류)로 표시됐습니다.

그림 1-15 패키지가 설치되지 않은 상태

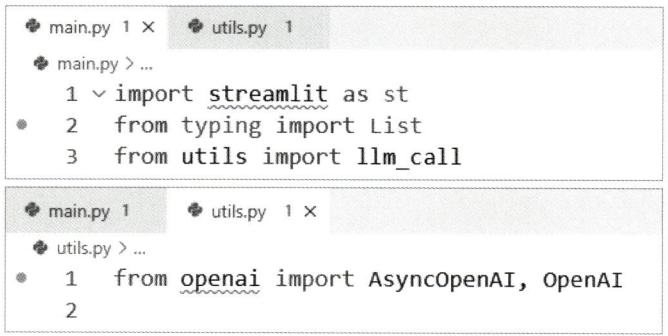

다음 명령을 입력해 streamlit, openai 패키지를 설치합니다.

```
Terminal
> pip install streamlit openai
```

잠시 기다리면 패키지 설치가 완료되고 소스 코드에서 import 부분의 물결 표시가 사라집니다.

> **NOTE 패키지 설치 시 주의 사항**
>
> 물결로 오류가 표시된 패키지명과 실제로 설치해야 할 패키지명이 다를 수도 있는데, 이럴 때는 검색해서 이름을 찾아야 합니다. 예를 들어 다음 코드를 봅시다.
>
> 그림 1-16 코드 예시
>
>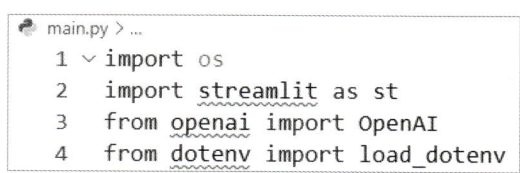
>
> 예전에는 정확한 패키지명을 알아내기 위해 구글링으로 일일이 검색해야 했습니다. 그러나 지금은 챗GPT를 이용해 프로그램 실행에 필요한 패키지명을 알아낼 수 있습니다. 다음과 같이 챗GPT에

import로 시작되는 코드를 제시하면서 명령을 하면 챗GPT는 해당 패키지를 찾아내 응답하며, 이를 복사해 터미널에서 실행하면 패키지를 설치할 수 있습니다.

> **사용자**
>
> import os
>
> import streamlit as st
>
> from openai import OpenAI
>
> from dotenv import load_dotenv
>
> 위 코드를 실행하기 위한 패키지 설치 명령을 알려줘.
>
> **챗GPT**
>
> 아래 명령어로 필요한 모든 패키지를 한 번에 설치할 수 있습니다.
>
> ```
> pip install streamlit openai python-dotenv
> ```

1.2.4 API Key 발급받기

utils.py의 import 문 아래에는 API Key 입력 구문이 있습니다.

utils.py
```
from openai import AsyncOpenAI, OpenAI

# API Key 입력
OPENAI_API_KEY = "API_Key_입력"
(중략)
```

이 프로그램이 제대로 작동하려면 오픈AI API Key를 발급받아야 합니다. 그래야 오픈AI의 LLM을 활용할 수 있습니다. 오픈AI API Key는 **사용량 기반 요금제**(토큰당 비용)로 과금되며, 챗GPT 구독과 상관없이 별도로 결제해야 합니다. 이 책의 실습을 따라 하는 데 필요한 금액은 **최소 결제액인 5달러 미만**입니다.

> 💬 **NOTE** 토큰
>
> **토큰**(token)은 LLM이 이해하는 텍스트의 가장 작은 단위입니다. 사람이 글을 읽을 때 단어 단위로 의미를 파악하듯이 LLM은 토큰 단위로 텍스트를 인식하고 생성합니다. 토큰은 단어와 일치할 수도 있고, 그렇지 않을 수도 있습니다. 예를 들어 'apple'이라는 단어는 토큰 1개(apple)로 구성되지만, '만나다'는 토큰 2개(만, 나다)로 구성됩니다.
>
> 토큰은 API 사용료 계산의 기준이 됩니다. 오픈AI 플랫폼에서는 '100만 토큰당×n달러'로 API 사용료를 계산하며, 이 요율이 모델마다 다르게 책정돼 있습니다.

오픈AI의 API Key를 발급받겠습니다. 이미 발급받았다면 이 과정을 건너뛰고 **1.2.5절**로 넘어가세요.

오픈AI 플랫폼 페이지(**https://platform.openai.com**)에 접속해 [Sign up] 버튼을 클릭합니다.

그림 1-17 오픈AI 플랫폼 페이지

화면의 안내에 따라 회원 가입을 합니다. 구글, 마이크로소프트, 애플 계정과 연동해 회원 가입을 할 수도 있습니다.

그림 1-18 회원 가입 화면

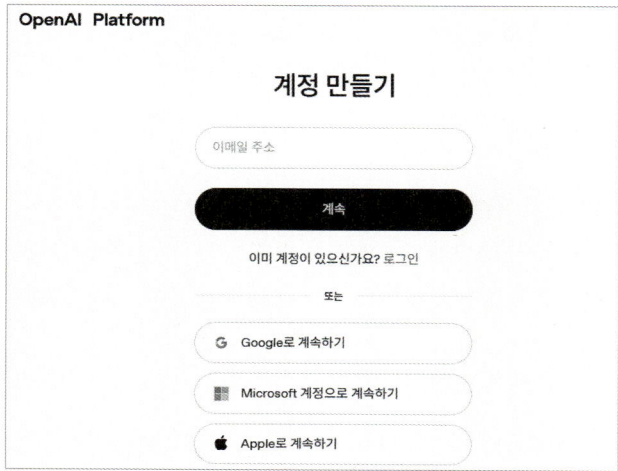

회원 가입 후 처음 로그인을 하면 API Key 발급 화면이 나오는데, 아무것도 입력하지 말고 [Create organization] 버튼을 클릭합니다. 팀을 초대할 계획이 없으니 다음 화면에서도 아무것도 입력하지 않은 채 [Continue] 버튼을 클릭합니다.

그림 1-19 팀 초대 건너뛰기

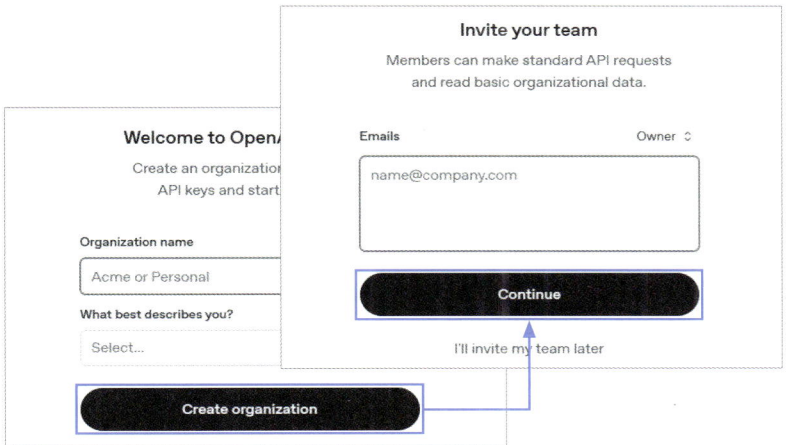

> **TIP** API Key 발급 화면이 나타나지 않으면 오픈AI 플랫폼 페이지에서 오른쪽 상단의 **톱니바퀴 아이콘**(Settings)을 클릭한 후 **Billing→Overview→Add payment details**를 선택해 카드 정보를 등록하고 **5달러**를 결제해도 됩니다.

API 호출 테스트는 하지 않을 것이니 **I'll do this later**를 클릭합니다.

그림 1-20 API 호출 테스트 건너뛰기

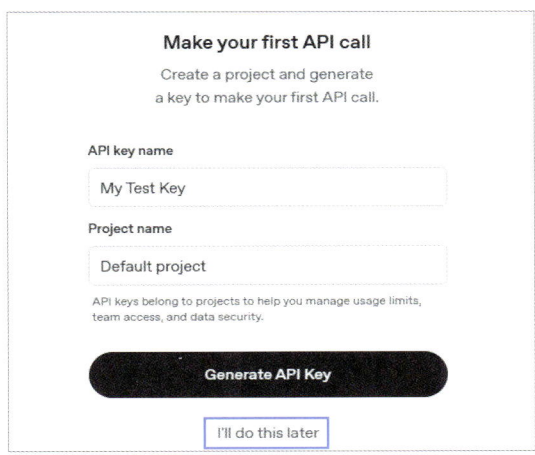

크레딧 구매(credit purchase) 금액으로 **5달러**를 선택하고 [Purchase credits] 버튼을 클릭합

니다. 이렇게 하면 LLM을 사용할 수 있는 크레딧이 5달러만큼 주어집니다. 크레딧은 실제로 LLM을 사용한 만큼만 부과되는데, 이 책의 모든 예제를 실행하더라도 1달러 미만이면 충분합니다.

그림 1-21 크레딧 구매 금액 선택

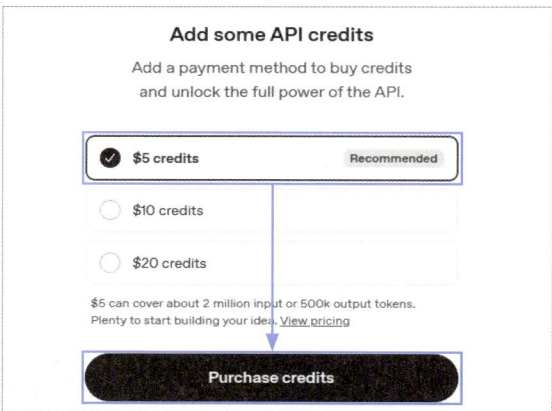

결제 카드 정보를 입력한 후 [Add payment method] 버튼을 클릭하고, 최종 결제 화면에서 [Confirm payment] 버튼을 클릭해 결제합니다.

그림 1-22 최종 결제

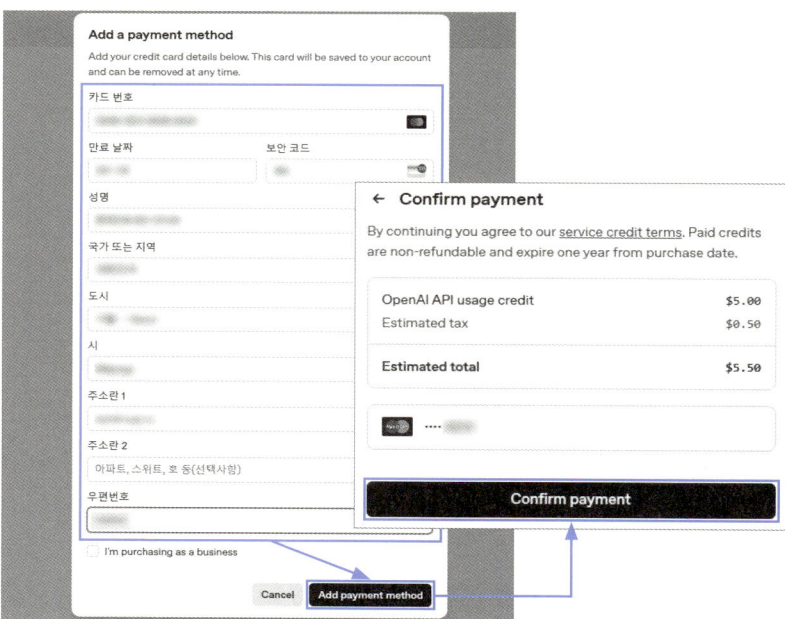

결제가 완료돼 크레딧이 충전되면 화면 오른쪽 상단의 **Dashboard**를 클릭합니다. 이어서 왼쪽 목록의 **API keys**를 클릭한 후 [Create new secret key] 버튼을 클릭합니다.

그림 1-23 API Key 발급 1

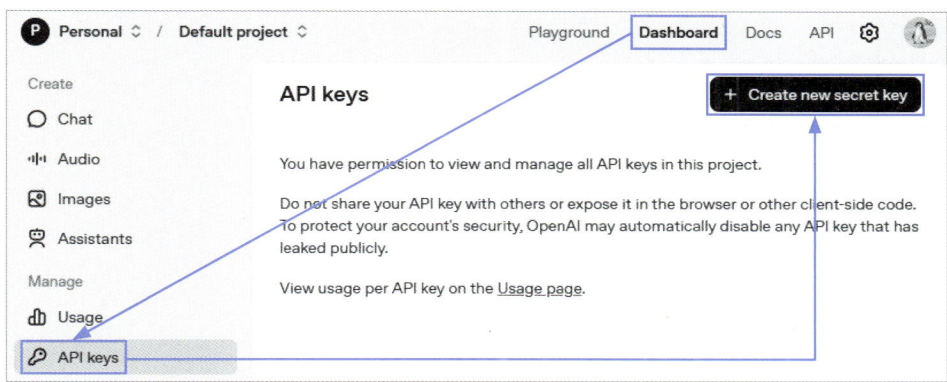

새 키 발급 화면이 나타나면 다음과 같이 소유자 정보를 입력하고 [Create secret key] 버튼을 클릭합니다.

그림 1-24 API Key 발급 2

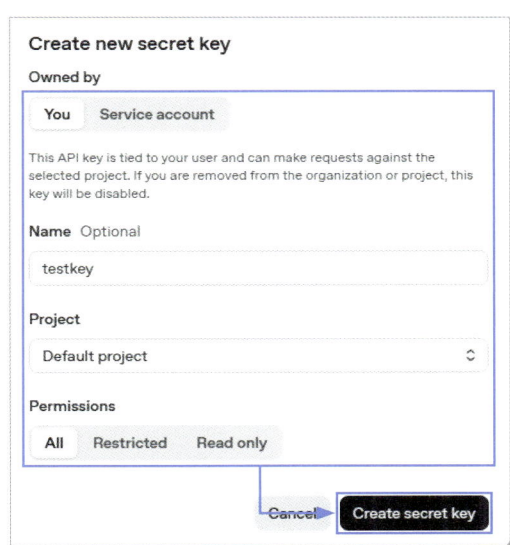

API Key가 생성되면 [Copy] 버튼을 클릭해 복사한 후 메모장을 띄워 붙여넣습니다. 이 API Key는 잊어버리지 않게 **txt 파일로 저장**해둡니다.

그림 1-25 API Key 복사

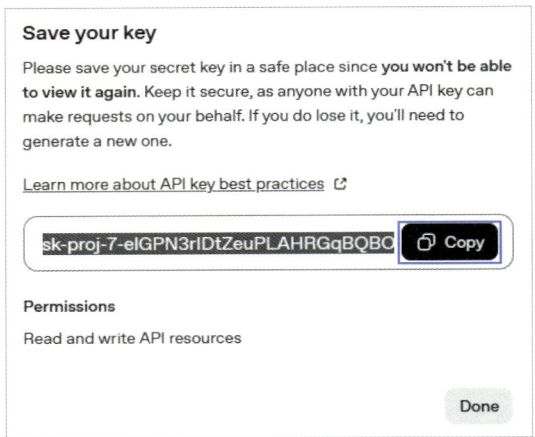

1.2.5 에이전트 실행하기

VSCode로 돌아와서 **utils.py** 파일의 API Key 입력 부분에 발급받은 API Key를 큰따옴표("")로 감싸서 넣은 다음 저장합니다.

```
                                                                    utils.py
from openai import AsyncOpenAI, OpenAI

# API Key 입력
OPENAI_API_KEY = "sk-proj-xHoXnvJdtdzJPmFFGcWqaE2Yq4vWbBAoXCfhHYEnkRE…"
(중략)
```

API Key를 넣었으니 프로그램을 실행해봅시다. 이때 주의할 점이 있습니다. 일반 파이썬 프로그램을 실행할 때는 **python 파일명** 명령을 이용하지만, streamlit 패키지를 사용할 때는 **streamlit run 파일명** 명령으로 프로그램을 실행합니다.

이는 `python -m streamlit run 파일명`과 같은 명령입니다. 여기서 -m 옵션은 패키지를 실행하라는 의미로, 여러 상황에서 파이썬 패키지나 모듈을 실행할 때 사용합니다. 하지만 이렇게 작성하면 명령이 길어지기 때문에 `python -m`을 생략하고 `streamlit run 파일명`으로 간략하게 작성합니다.

새 명령으로 프로그램을 실행합니다.

```
Terminal
> streamlit run main.py
```

Welcome to Streamlit!이라는 문구와 함께 이메일을 입력하라는 안내가 나오면 Enter 를 눌러 넘어갑니다. 그러면 웹 브라우저가 자동으로 뜨고 에이전트 프로그램이 실행됩니다. 텍스트 입력창의 내용을 확인한 후 [프롬프트 체인 실행] 버튼을 클릭합니다.

그림 1-26 에이전트 실행

에이전트를 실행한 결과를 보면 [최종 결과] 탭에는 사용자의 여행 취향에 맞는 여행지와 세부 계획이 있습니다. 그리고 [세부 단계] 탭에서는 이러한 결과가 나오기까지의 3단계 및 그 세부 내용을 볼 수 있습니다(1단계: 여행지 세 곳 추천, 2단계: 가장 추천하는 한 곳 선정, 3단계: 선정된 여행지에서의 세부 일정 수립).

그림 1-27 실행 결과

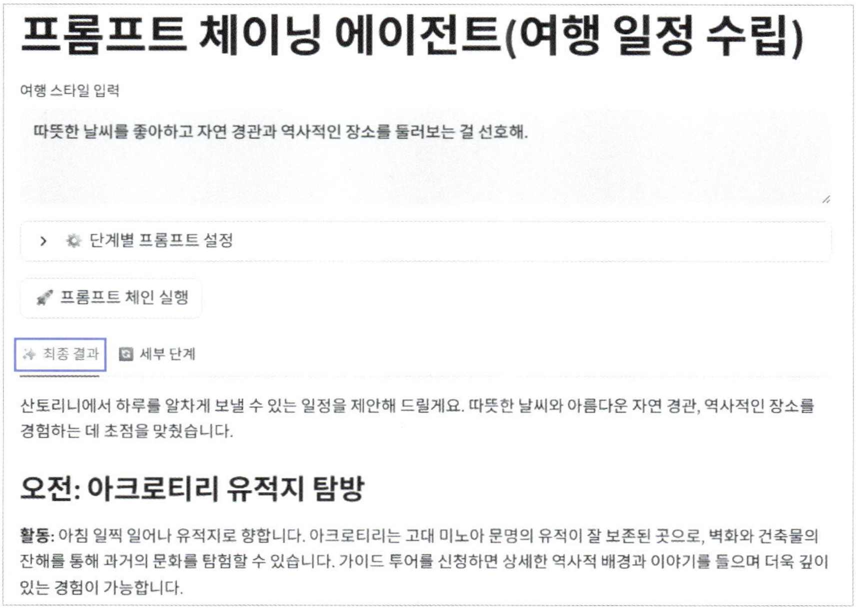

지금까지 에이전트의 완성 코드를 가져와서 실행했습니다. 이 과정에서 가상 환경을 생성하고, 패키지를 설치한 후, API Key를 발급받아 코드에 적용했습니다. 이제 Ctrl+C를 눌러 실행 중인 프로그램을 종료합니다.

2장에서 파일 생성부터 코드 작성까지 다시 진행할 것이니 **utils.py** 파일을 삭제하겠습니다. 탐색기에서 **utils.py** 파일을 선택하고 마우스 오른쪽 버튼을 눌러 [Delete]를 선택합니다. 삭제 확인 창이 뜨면 [Move to Recycle Bin] 버튼을 클릭해 삭제합니다. 같은 방법으로 **main.py** 파일도 삭제합니다.

1.3 API 기본 사용법

API는 자신이 만든 프로그램에 LLM을 호출해 사용할 수 있게 해주는 기술입니다. API의 개념을 이해하고 오픈AI API의 기본 사용법을 익혀봅시다.

1.3.1 API의 개념

챗GPT 사이트에 접속해 질문을 하면 곧바로 답변이 출력됩니다.

그림 1-28 챗GPT의 질문과 답변

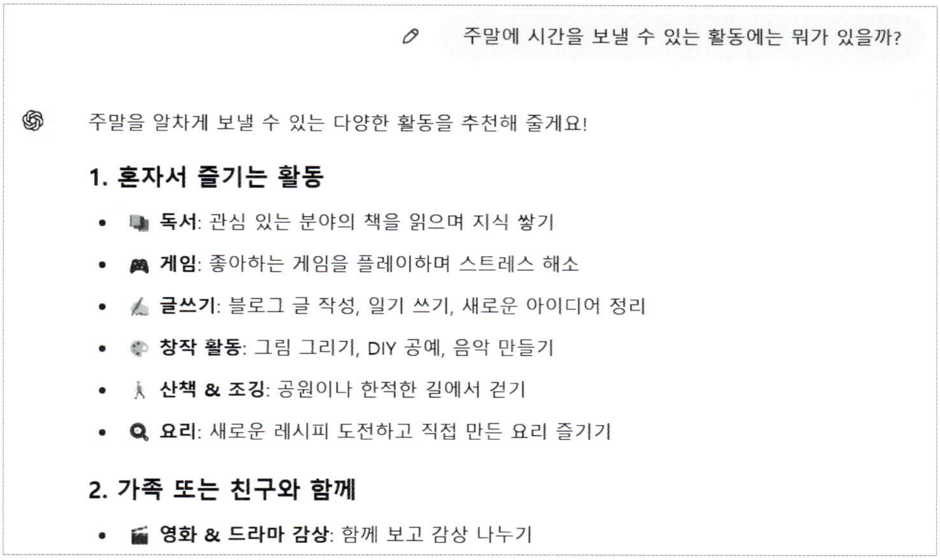

> 주말에 시간을 보낼 수 있는 활동에는 뭐가 있을까?
>
> 주말을 알차게 보낼 수 있는 다양한 활동을 추천해 줄게요!
>
> **1. 혼자서 즐기는 활동**
> - **독서**: 관심 있는 분야의 책을 읽으며 지식 쌓기
> - **게임**: 좋아하는 게임을 플레이하며 스트레스 해소
> - **글쓰기**: 블로그 글 작성, 일기 쓰기, 새로운 아이디어 정리
> - **창작 활동**: 그림 그리기, DIY 공예, 음악 만들기
> - **산책 & 조깅**: 공원이나 한적한 길에서 걷기
> - **요리**: 새로운 레시피 도전하고 직접 만든 요리 즐기기
>
> **2. 가족 또는 친구와 함께**
> - **영화 & 드라마 감상**: 함께 보고 감상 나누기

이는 얼핏 보기에 챗GPT 사이트만 작동하는 것 같지만 보이는 것이 다가 아닙니다. 눈에 보이지 않지만 LLM(GPT-4o, GPT-5)이 작동하고 있습니다. LLM은 사용자의 눈에 보이지 않으며, 사용자는 챗GPT 사이트를 통해 LLM에 접근합니다.

그림 1-29 눈에 보이지 않는 LLM

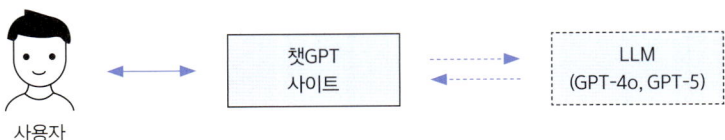

그렇다면 챗GPT 사이트는 어떻게 LLM에 요청을 보내고 응답을 받을 수 있을까요? 바로 API를 사용해 요청과 응답을 처리합니다. **API**는 프로그램을 뜻하는 'Application', 프로그래밍을 뜻하는 'Programming', 여러 시스템 간의 상호작용을 뜻하는 'Interface'가 합쳐진 말의 약자입니다. 즉 API는 다양한 프로그램끼리 프로그래밍을 통해 상호작용할 수 있도록 지원하는 기술입니다.

챗GPT는 오픈AI API라는 API를 사용합니다. **오픈AI API**는 챗GPT를 개발한 오픈AI에서 자사가 만든 LLM에 접근할 수 있도록 제공하는 기술입니다. 오픈AI API를 사용하면 LLM에 요청을 보내고 그에 대한 응답으로 처리 결과를 받을 수 있습니다.

그림 1-30 오픈AI API의 역할

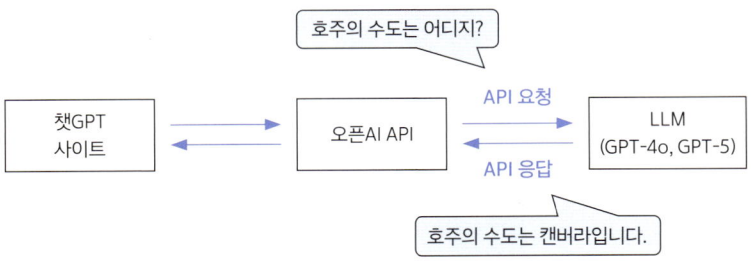

API는 사전에 허가받은 사람만 사용할 수 있기 때문에 누가 언제 API를 사용했는지 추적할 수 있는데, 이는 API Key라는 도구 덕분입니다. **API Key**는 API 제공자가 사용자에게 부여하는 고유한 인증 정보입니다. API를 사용하려면 API Key를 발급받아야 하며, **1.2 에이전트 맛보기** 실습에서도 오픈AI의 API Key를 발급받아 이용했습니다.

그림 1-31 API Key의 역할

1.3.2 API로 LLM 호출하기

오픈AI API로 LLM에 요청을 보내고 응답을 받는 과정을 알아봅시다.

API 요청하고 응답받기

ch01_test_openai.py 파일을 생성하고 다음 코드를 입력한 후 저장합니다. 지금부터 이 코드를 **기본 예제**라고 하겠습니다.

> **TIP** 이 책의 모든 코드는 **소스 코드** > **resource** 폴더 아래에 파이썬 파일(ch01_test_openai.py)과 같은 이름의 텍스트 파일(ch01_test_openai.txt)로 제공하니 이를 복사해 붙여넣어도 됩니다.

ch01_test_openai.py
```python
import os
from openai import OpenAI

client = OpenAI(
    api_key = os.environ.get("OPENAI_API_KEY"),
)

chat_completion = client.chat.completions.create(
    messages = [
        {
            "role": "user",
            "content": "Say this is a test.",
        }
    ],
    model = "gpt-4o",
)
```

코드에서 다음 두 부분을 수정하고 저장합니다.

❶ os.environ.get("OPENAI_API_KEY"), 부분을 지우고 앞서 발급받은 API Key를 큰따옴표로 감싸서 넣습니다.

❷ 맨 밑에 print(chat_completion.choices[0].message.content) 문을 추가합니다.

ch01_test_openai.py
```python
import os
from openai import OpenAI

client = OpenAI(
    # 발급받은 API Key 입력
```

```python
        api_key = "sk-proj-xHoXnvJdtdzJPmFFGcWqaE2Yq4vWbBAoXCfhHYEnkREWx…" --- ①
)

chat_completion = client.chat.completions.create(
    messages = [
        {
            "role": "user",
            "content": "Say this is a test.",
        }
    ],
    model = "gpt-4o",
)

print(chat_completion.choices[0].message.content) --- ②
```

터미널에서 **python ch01_test_openai.py** 명령을 실행해 결과를 확인합니다. This is a test. 라는 응답을 받았다면 제대로 실행된 것입니다(그 뒤에 이어지는 How can I assist you today?는 응답마다 다를 수 있습니다).

그림 1-32 기본 예제 실행 결과

```
● (venv) PS C:\Users\gilbut\Desktop\ai_agent> python ch01_test_openai.py
This is a test. How can I assist you today?
```

기본 예제가 어떤 의미인지 자세히 살펴봅시다. 코드는 크게 네 부분으로 나눌 수 있으며, 이해를 돕기 위해 주석을 붙였습니다.

ch01_test_openai.py
```python
# ① 패키지 임포트
import os
from openai import OpenAI

# ② 클라이언트 생성
client = OpenAI(
    # 발급받은 API Key 입력
    api_key = "sk-proj-xHoXnvJdtdzJPmFFGcWqaE2Yq4vWbBAoXCfhHYEnkREWx…"
)

# ③ API 요청 및 응답
chat_completion = client.chat.completions.create(
    messages = [
```

```
            {
                "role": "user",
                "content": "Say this is a test.",
            }
        ],
        model = "gpt-4o",
    )

    # ❹ 응답 결과 출력
    print(chat_completion.choices[0].message.content)
```

❶ 패키지 임포트

- openai 패키지를 불러옵니다(임포트).

- openai 패키지는 오픈AI API를 파이썬 코드에서 손쉽게 사용할 수 있도록 지원하는 공식 라이브러리입니다.

❷ 클라이언트 생성

- 오픈AI API를 사용하기 위한 클라이언트 객체를 생성합니다. 클라이언트는 사용자를 대신해 LLM에 요청을 보내고 응답을 받아 활용합니다.

- 클라이언트를 생성할 때는 미리 발급받은 API Key를 입력합니다.

❸ API 요청 및 응답

- 준비된 클라이언트로 LLM에 요청을 보내고 응답을 받아 chat_completion 변수에 저장합니다.

- 이 부분에서 중요한 코드는 다음과 같습니다.

  - **"content": "Say this is a test."**: LLM에 질문하는 부분입니다. 만약 다른 질문을 하고 싶다면 "content": "너의 이름은 뭐니?"와 같이 변경할 수 있습니다.

  - **model = "gpt-4o"**: 응답할 LLM을 설정하는 부분입니다. 만약 gpt-4o-mini 모델로 변경하고 싶다면 model = "gpt-4o-mini"로 수정합니다.

❹ 응답 결과 출력

- chat_completion 변수에 저장된 응답을 출력합니다.

- API 응답에 여러 개의 답변이 포함될 수 있어 choices라는 리스트를 사용하며, 보통은 응

- 답이 하나이기 때문에 choices[0]으로 첫 번째 응답을 가져옵니다(chat_completion.choices[0]).
- 응답에는 텍스트로 된 응답 본문(content)뿐만 아니라 응답 아이디, 모델 이름, 토큰 사용량 등 다양한 정보가 들어 있는데, 여기서는 응답 본문만 출력합니다(chat_completion.choices[0].message.content).

연속해서 대화하기

기본 예제는 "Say this is a test."라는 요청에 대해 "This is a test."라고 응답하는 간단한 프로그램입니다. 그런데 한 번만 질문하고 끝나는 것이 아니라 챗GPT처럼 이전 대화 내용을 기억하면서 대화하려면 과거의 대화 내역을 순차적으로 저장해야 합니다.

자세한 내용을 살펴보기 전에 완성 코드를 일단 실행해 보겠습니다. 지금부터 이 코드를 **활용 예제**라고 하겠습니다.

ch01_chat_openai.py 파일을 생성하고 다음 코드를 입력한 후 저장합니다. api_key에는 각자 발급받은 API Key를 입력합니다.

ch01_chat_openai.py

```python
from openai import OpenAI

client = OpenAI(
    api_key = "API_Key_입력"
)

# ❶ 대화 내역을 저장할 리스트 선언
message_history = []

# ❷ 대화 시작
while True:
    user_input = input("사용자: ")
    # ❸ 사용자의 질문을 리스트에 추가
    message_history.append({"role": "user", "content": user_input})
    # ❹ API 요청 및 응답
    chat_completion = client.chat.completions.create(
        messages = message_history,
        model = "gpt-4o",
    )
    # ❺ 챗봇의 응답을 리스트에 추가
    assistant_response = chat_completion.choices[0].message.content
```

```python
    message_history.append({"role": "assistant", "content": assistant_response})
    # ❻ 응답 결과 출력
    print(f"챗봇: {assistant_response}")
```

`python ch01_chat_openai.py` 명령으로 코드를 실행하면 계속해서 대화할 수 있는 챗봇이 구현됩니다. 이전 대화 내용을 기억하는지 확인하기 위해 이름을 알려준 다음 물어보면 정확하게 답변합니다.

그림 1-33 이전 대화 내용을 기억하는 챗봇

```
(venv) PS C:\Users\gilbut\Desktop\ai_agent> python ch01_chat_openai.py
사용자: 내 이름은 다비드야.
챗봇: 안녕하세요, 다비드! 만나서 반가워요. 오늘 어떻게 도와드릴까요?
사용자: 내 이름이 뭐게?
챗봇: 당신의 이름은 다비드라고 하셨죠! 다른 질문 있으시면 언제든지 말씀해 주세요.
사용자:
```

Ctrl + C 를 눌러 프로그램을 종료합니다.

주석을 중심으로 활용 예제를 자세히 살펴봅시다.

❶ 대화 내역을 저장할 리스트 선언

- 이 프로그램에서 가장 중요한 부분으로, 대화 내용을 기억하도록 리스트(message_history)를 선언합니다.

❷ 대화 시작

- 무한 반복문(while True:)을 사용해 계속 이어지는 대화문을 활성화합니다.

❸ 사용자의 질문을 리스트에 추가

- 사용자가 입력한 질문을 message_history 리스트에 추가합니다.
- 리스트의 각 요소는 role(역할), content(본문) 키를 가진 딕셔너리 형태로 저장합니다.

❹ API 요청 및 응답

- API 요청 및 응답은 기본 예제와 동일하지만, 계속해서 값이 바뀌는 message_history의 값을 messages 변수에 저장한다는 것이 중요한 차이점입니다.
- 대화가 이어짐에 따라 message_history 리스트의 값이 바뀌면 이 바뀐 값으로 요청을 보냅니다.

❺ 챗봇의 응답을 리스트에 추가

- 챗봇에게 받은 응답 content(본문)를 assistant_response 변수에 저장하고, 이를 message_history 리스트에 새로운 content(본문)로 추가합니다.

- ❸번에서 사용자의 질문을 리스트에 추가할 때는 "role": "user"로 설정했는데, 여기서 챗봇의 응답을 리스트에 추가할 때는 "role": "assistant"로 설정합니다. 이렇게 하면 사용자를 "user"로, 챗봇을 "assistant"로 구분해 저장함으로써 누가 어떤 대화를 했는지 LLM에 명확히 전달할 수 있습니다.

❻ 응답 결과 출력

- 챗봇의 응답 결과를 출력합니다.

활용 예제에서 주목할 점은 API 요청 및 응답 시 messages 리스트의 활용 방식입니다. 기본 예제에서는 일회성으로 요청 messages를 보냈지만, 활용 예제에서는 챗봇이 이전 대화 내용을 기억해야 하므로 사용자와 챗봇이 나눈 대화 내역이 모두 포함된 message_history 리스트를 messages로 보냅니다.

기본 예제의 API 요청 및 응답

```
chat_completion = client.chat.completions.create(
    messages = [
        {
            "role": "user",
            "content": "Say this is a test.",
        }
    ],
    model = "gpt-4o",
)
```

활용 예제의 API 요청 및 응답

```
while True:
    user_input = input("사용자: ")
    message_history.append({"role": "user", "content": user_input})
    chat_completion = client.chat.completions.create(
        messages = message_history,
        model = "gpt-4o",
    )
    assistant_response = chat_completion.choices[0].message.content
    message_history.append({"role": "assistant", "content": assistant_response})
```

이 방식을 이용하면 이전 대화 내용을 기억한 채 대화할 수 있습니다. 다시 말해 기본 예제에서는 사용자의 질문 하나만 messages 리스트에 포함되지만, 활용 예제에서는 사용자의 질문과 챗봇의 응답이 번갈아 가면서 순차적으로 모두 messages 리스트에 포함됩니다.

1. **AI 에이전트**

    ① AI 에이전트는 주어진 목표를 달성하기 위해 외부 환경과 상호작용하면서 자율적으로 행동하는 시스템입니다. 간단한 챗봇부터 복잡한 의사결정을 하는 시스템까지 그 수준이 다양합니다.

    ② 이 책에서는 프레임워크를 사용하지 않고 AI 에이전트를 구현하면서 코드의 구조와 작동 원리를 이해합니다.

2. **워크플로 패턴**

    ① 워크플로 패턴은 AI 에이전트가 수행할 작업 단계를 어떤 구조로 묶고 어떤 흐름으로 연결하느냐를 정리한 것입니다.

    ② AI 에이전트의 대표적인 워크플로 패턴으로는 프롬프트 체이닝, 라우팅, 병렬 처리, 오케스트레이터-워커, 평가-최적화가 있습니다.

3. **가상 환경**

    ① 프로그램마다 독립적인 실행 환경을 가상 환경이라고 합니다. 가상 환경을 만들면 프로그램에 따라 필요한 패키지를 개별적으로 관리할 수 있습니다.

    ② 가상 환경을 생성하고 활성화하는 명령은 다음과 같습니다.

```
# 가상 환경 생성
> python -m venv venv  -------- 윈도우
> python3 -m venv venv ------- 맥OS

# 가상 환경 활성화
> venv\scripts\activate ------ 윈도우
> source venv/bin/activate --- 맥OS
```

4. API Key 발급

① API Key는 오픈AI의 최신 LLM을 활용할 수 있도록 지원하는 기술로, 사용량 기반 요금제(토큰당 비용)로 과금됩니다.

② 오픈AI 플랫폼 페이지에서 로그인해 결제 정보를 등록한 후 API Key를 발급받을 수 있으며, 이 API Key는 잊어버리지 않도록 저장해둡니다.

5. 클라이언트

① 사용자를 대신해 LLM에 요청을 보내고 응답을 받는 역할을 합니다.

② 클라이언트를 생성할 때는 API Key를 입력해야 합니다.

```python
# 클라이언트 생성
client = OpenAI(
    api_key = "API_Key_입력"
)
```

6. API 요청 및 응답

① 준비된 클라이언트로 LLM에 요청을 보내고 응답을 받아 chat_completion 변수에 저장합니다.

② "content": "Say this is a test."는 LLM에 질문하는 부분이고, model = "gpt-4o"는 응답할 LLM을 설정하는 부분입니다.

```python
# API 요청 및 응답
chat_completion = client.chat.completions.create(
    messages = [
        {
            "role": "user",
            "content": "Say this is a test.",
        }
    ],
    model = "gpt-4o",
)
```

memo

2장
프롬프트 체이닝

AI 에이전트의 개념을 이해했으니 이제 본격적으로 AI 에이전트를 만들어 봅시다. 이 장에서는 LLM 호출을 연달아 하는 프롬프트 체이닝을 이용해 단계별로 작동하는 에이전트를 구현합니다.

2.1 프롬프트 체이닝 개요

2.1.1 프롬프트 체이닝의 개념

갑자기 부서장에게 신규 사업 보고서를 만들라는 지시를 받았다고 합시다. 이럴 때 아무런 준비 없이 보고서를 작성하려고 하면 어디서부터 시작해야 할지, 어떤 내용을 담아야 할지 막막할 것입니다. 하지만 보고서 작성 과정을 단계별로 나누면 실마리를 찾을 수 있습니다. 다음과 같이 보고서의 목적 및 대상 구체화→목차 구성→항목별 자료 수집→항목별 내용 작성→피드백 및 수정으로 구분해 하나씩 수행하면 보고서를 훨씬 효율적으로 작성할 수 있습니다.

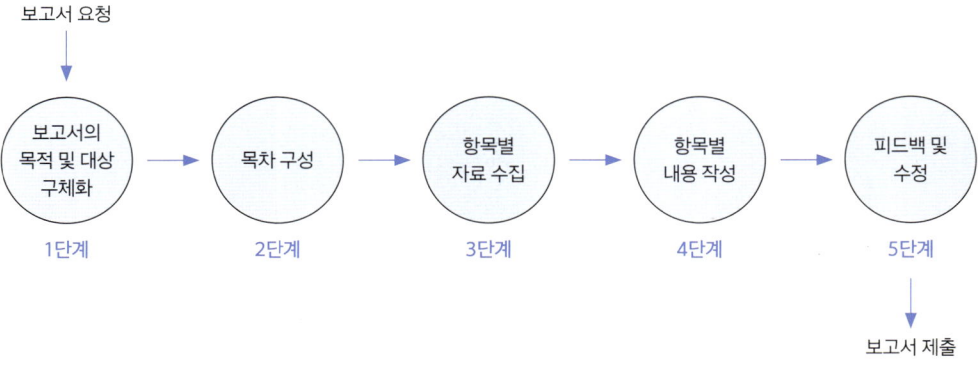

그림 2-1 보고서 작성 단계

프롬프트 체이닝은 이러한 작업 쪼개기 방식을 에이전트에 적용한 것으로, 복잡한 작업을 한 번에 처리하는 것이 아니라 작고 명확하게 작업을 나눠 처리하는 방식입니다. 여기서 **프롬프트**(prompt)는 AI가 수행할 작업이나 질문을 지시하는 명령문을 의미합니다. 보고서를 작성할 때 목차를 정리하고, 자료를 조사하고, 내용을 구성해 나가는 것처럼 AI에게도 한 번에 모든 일을 시키기보다 단계를 나눠 지시하고, 이전 단계의 결과물을 다음 단계의 입력으로 활용하면 원하는 최종 응답을 얻을 수 있습니다.

2.1.2 프롬프트 체이닝의 장점

프롬프트 체이닝은 '작업을 쪼개는' 수준을 넘어 AI의 응답 품질을 체계적으로 끌어올리고, 복잡한 문제를 순차적으로 해결하며, 오류가 발생하는 지점을 쉽게 추적할 수 있고, 모델의 추론 과정이 선명하게 드러나는 방식입니다.

응답 품질 향상

복잡한 하나의 작업을 세세하게 나눠 지시하면 AI가 주어진 작업에 집중해 보다 정확한 응답을 생성할 수 있습니다. 예를 들어 '문장을 요약하고 요약본을 번역하라'에는 두 가지 요청이 포함돼 있는데, 이를 요약→번역 순으로 작업을 나눠 지시하면 AI의 응답 품질이 향상됩니다.

복잡한 문제 해결

아무리 복잡하거나 어려워 보이는 문제라도 프롬프트 체이닝을 이용하면 단계별로 해법을 찾을 수 있습니다. 그래서 논리적 추론, 단계별 계획 수립, 창의적 아이디어 현실화와 같이 복합적 사고가 필요한 경우 프롬프트 체이닝을 많이 활용합니다.

용이한 디버깅

프롬프트 체이닝은 작업을 단계별로 나눠 수행하기 때문에 어느 지점에서 문제가 발생했는지 쉽게 확인할 수 있습니다. 예를 들어 특정 단계의 프롬프트나 출력만 수정해도 전체 결과를 개선할 수 있으며, 개발 시 반복적인 테스트와 수정을 하기에 용이합니다.

투명한 추론 과정

작업을 단계별로 나누면 각 단계의 입력과 출력을 명확히 기록할 수 있어 AI가 어떤 과정을 거쳐 최종 응답에 도달했는지가 쉽게 파악됩니다. 이는 작업 흐름을 문서화하거나 사용자에게 AI의 추론 과정을 투명하게 공유할 때 유용합니다.

> **NOTE 프롬프트 체이닝과 CoT**
>
> 프롬프트 체이닝과 유사한 방식으로 **CoT**(Chain of Thought, 생각의 연쇄)가 있습니다. 둘 다 복잡한 문제를 단계적으로 해결한다는 점이 같지만, 어떻게 단계를 구분하느냐에 차이가 있습니다.
>
> - **프롬프트 체이닝**: 복잡한 작업을 여러 번의 LLM 호출로 나눠 순차적으로 수행합니다. 각 단계를 독립된 호출로 처리하기 때문에 흐름을 관리하기가 쉽습니다.
> - **CoT**: 한 번의 LLM 호출에서 AI가 스스로 생각의 단계를 풀어내도록 유도합니다. 즉 프롬프트에 '단계별로 생각해줘'와 같은 지시를 포함하면 추론 과정이 응답에 드러납니다.
>
> 요컨대 프롬프트 체이닝은 작업 단계를 외부적으로 분리해 실행하는 방식이고, CoT는 응답에서 AI가 스스로 단계별 추론 과정을 설명하는 방식입니다.
>
>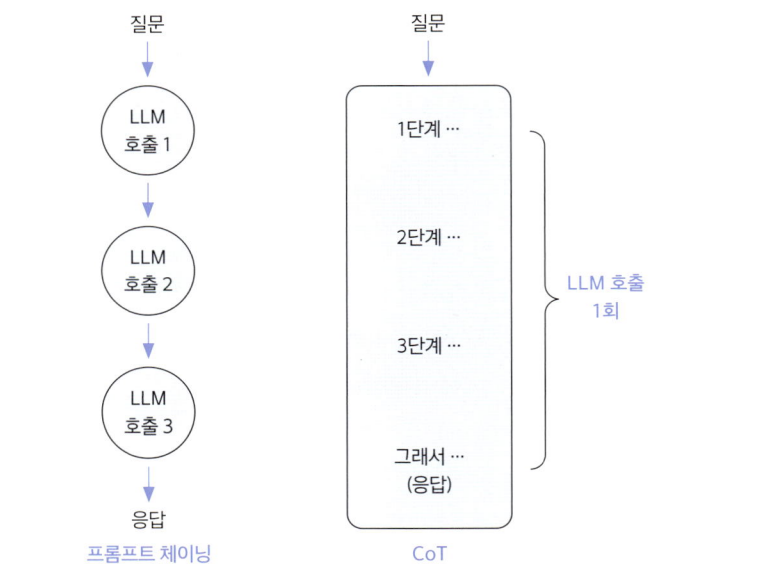
>
> 그림 2-2 프롬프트 체이닝과 CoT

2.1.3 주요 활용 사례

프롬프트 체이닝은 콘텐츠 제작, 문서 기반 질의 응답, 의사결정 지원 등에 많이 활용됩니다.

콘텐츠 제작

블로그의 글이나 유튜브의 동영상 스크립트를 작성할 때는 대개 아이디어 수집 → 주제 선정 → 개요 작성 → 초안 작성 → 검토 및 편집 과정을 거치는데, 프롬프트 체이닝은 이를 단계별로 수행해 최종 응답의 품질을 높입니다. 예를 들어 AI 에이전트에 관한 블로그 글을 쓸 때 다음과 같이 작업을 분리해 수행하면 AI가 각각의 세부 작업에 더 집중할 수 있습니다.

- **1단계:** 직장인이 관심 있어 할 만한 AI 에이전트 업무 활용에 관한 주제를 5개 제안해줘.
- **2단계:** 제안한 5개의 주제 중 가장 적절한 것을 고르고 이유를 설명해줘.
- **3단계:** 선택한 주제에 대해 간략한 개요를 작성해줘.
- **4단계:** 개요에 세부 내용을 추가해 초안을 완성해줘.

그림 2-3 콘텐츠 제작을 위한 프롬프트 체이닝

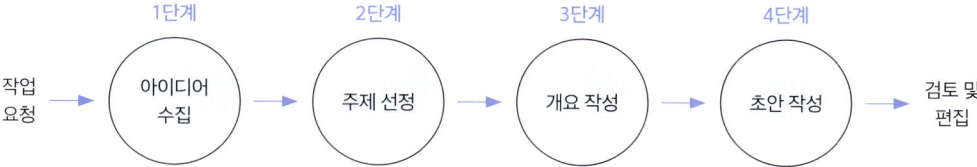

문서 기반 질의 응답

길고 복잡한 문서를 토대로 질의 응답하는 경우에도 프롬프트 체이닝을 활용합니다. 이러한 작업의 1단계에서는 주어진 문서에서 질문과 관련된 핵심 문장을 추출하고, 2단계에서는 추출한 내용을 기반으로 답변을 구성합니다. 그리고 3단계에서는 주어진 요청에 따라 답변을 보고서 형식이나 메일 양식에 맞게 재구성합니다. 이처럼 문서 이해→응답 구성→결과물 변형 과정을 단계별로 구분해 수행하면 질의 응답 작업을 더 정교하게 처리할 수 있습니다.

그림 2-4 문서 기반 질의 응답을 위한 프롬프트 체이닝

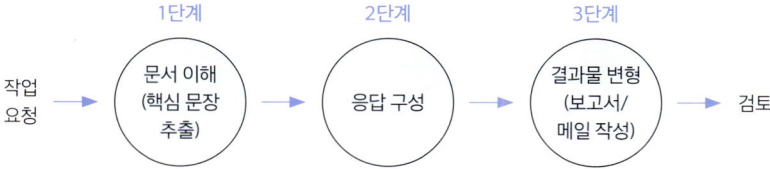

의사결정 지원

기업에서 새로운 전략을 수립하거나 중요한 결정을 내릴 때는 일반적으로 정보 수집→대안 도출→옵션별 분석→최종 제안 과정을 거칩니다. 의사결정을 할 때 이렇게 각 단계를 분리해 AI에게 명확한 지시를 내리면 훨씬 나은 결과를 얻을 수 있습니다. 이때 중간 결과를 검토해 피드백을 할 수도 있기 때문에 보다 정확한 정보를 가지고 매우 체계적으로 최종 결정을 내릴 수 있습니다.

그림 2-5 의사결정 지원을 위한 프롬프트 체이닝

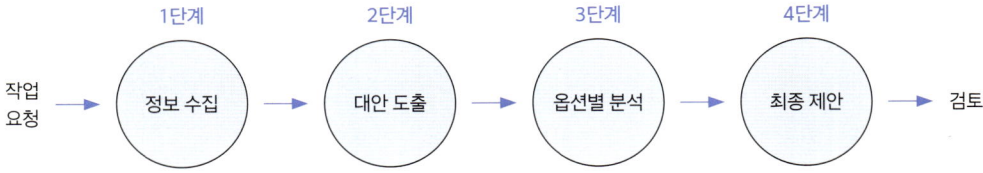

다음 절에서는 프롬프트 체이닝을 파이썬 코드로 구현하는 방법을 알아봅시다.

2.2 프롬프트 체이닝 에이전트 만들기

2.2.1 에이전트 미리 보기

프롬프트 체이닝을 이용해 사용자의 취향에 맞는 여행지를 추천하고 여행 일정을 짜주는 에이전트를 만들어 보겠습니다. 다음과 같이 사용자가 선호하는 여행 스타일을 입력하는 것부터 최종 응답을 받기까지의 과정으로 진행됩니다.

그림 2-6 프롬프트 체이닝 에이전트의 작동 과정

- ❶ **여행 스타일 입력:** 사용자의 여행 취향과 선호하는 활동 등을 입력합니다.
- ❷ **LLM 호출 1:** 입력된 정보를 바탕으로 사용자의 취향에 맞는 여행지 세 곳을 추천합니다.
- ❸ **LLM 호출 2:** 추천한 여행지 중 한 곳을 선택하고 해당 여행지에서 즐길 수 있는 활동을 제안합니다.
- ❹ **LLM 호출 3:** 최종 추천 여행지의 구체적인 하루 일정 계획을 짜서 최종 답변을 내놓습니다.

2.2.2 단계별 구현하기

프롬프트 체이닝 에이전트를 단계별로 구현해 봅시다. 먼저 다음 명령으로 가상 환경을 활성화합니다. 가상 환경이 활성화된 상태라면 생략하고 넘어가세요.

```
Terminal
> venv\scripts\activate     ------ 윈도우
> source venv/bin/activate  ---  맥OS
```

LLM 호출 함수 정의하기

LLM이 작동하는 방식은 특정 입력값을 받아 처리한 후 반환값을 출력하는 함수와 비슷합니다.

그림 2-7 함수와 유사한 LLM의 작동 방식

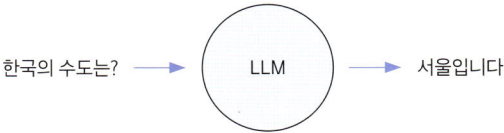

따라서 LLM 호출 함수인 `llm_call()`을 정의하고, 필요할 때마다 불러와 사용하겠습니다. 아무리 복잡한 에이전트라도 LLM을 연속적으로 호출해 사용하는 것은 동일하기 때문에 이 에이전트뿐만 아니라 앞으로 만들 에이전트에서도 `llm_call()` 함수를 사용합니다.

그림 2-8 LLM 호출 함수

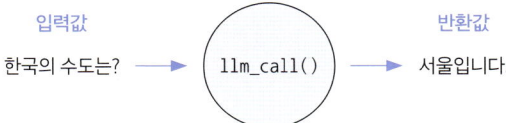

복잡한 프로그램일수록 구현할 때 반복 작업이 많습니다. 이러한 반복 작업을 효율적으로 처리하는 데에는 간단하고 명확한 기능 단위로 정의된 **유틸리티 함수**(utility function)가 유용합니다. 유틸리티 함수는 특정 모듈이나 파일뿐만 아니라 범용으로 사용할 수 있기 때문에 utils.py와 같은 별도의 파일에 정의해두고 필요시 임포트해 사용합니다.

LLM을 호출하는 `llm_call()` 함수도 유틸리티 함수로 정의합니다. **utils.py** 파일을 생성하고 다음 코드를 입력합니다.

> **TIP** utils.py는 이 책 전체에 걸쳐 공통으로 사용하는 파일이므로 준비 파일의 이름을 장별로 다르게 설정했습니다. 여기서는 **소스 코드 > resource > utils(ch02).txt**의 코드를 복사해 사용하세요.

utils.py
```
from openai import OpenAI

# ❶ API Key 입력
OPENAI_API_KEY = "API_Key_입력"

# ❷ 클라이언트 생성
sync_client = OpenAI(
    api_key = OPENAI_API_KEY,
```

```python
    )

    # ❸ LLM 호출 함수 선언
    def llm_call(prompt: str, model: str = "gpt-4o-mini") -> str:
        messages = []
        messages.append({"role": "user", "content": prompt})
        chat_completion = sync_client.chat.completions.create(
            model = model,
            messages = messages,
        )
        return chat_completion.choices[0].message.content

    if __name__ == "__main__":
        test = llm_call("한국의 수도는?")
        print(test)
```

❶ **API Key 입력**

- 오픈AI API를 사용하기 위해 발급받은 API Key를 넣습니다.

❷ **클라이언트 생성**

- 기본적으로 클라이언트는 동기 방식으로 작동하므로 오픈AI 클라이언트를 `sync_client`로 정의합니다.

- **동기 방식**은 작업을 요청한 뒤 결과가 나올 때까지 기다린 다음 후속 작업으로 넘어가는 것입니다.

❸ **LLM 호출 함수 선언**

- 유틸리티 함수인 `llm_call()`을 선언합니다. 이 함수는 프롬프트(사용자의 질문)를 입력받아 LLM(gpt-4o-mini)에 요청을 보내고, LLM의 응답 중 본문만 추출해 반환합니다(return chat_completion.choices[0].message.content).

- 여기서는 한국의 수도는?이라는 프롬프트를 입력받아 이에 대한 응답을 반환합니다.

터미널에서 **python utils.py** 명령을 실행하면 다음과 같은 답변이 출력됩니다.

그림 2-9 실행 결과

```
● (venv) PS C:\Users\gilbut\Desktop\ai_agent> python utils.py
한국의 수도는 서울입니다.
```

이제 llm_call() 함수를 이용해 3단계 프롬프트 체이닝을 구현하겠습니다.

프롬프트 체이닝 구현하기

ch02_prompt_chaining.py 파일을 생성하고 다음 코드를 입력한 후 저장합니다.

> TIP 코드의 이모지(◇, ☑)는 윈도우에서는 ⊞ + ; , 맥OS에서는 control + command + space 를 눌러 입력합니다.

ch02_prompt_chaining.py
```python
# ❶ llm_call() 함수 임포트
from utils import llm_call
from typing import List

# ❷ 프롬프트 체이닝 함수 선언
def prompt_chain_workflow(initial_input: str, prompt_chain: List[str]) -> List[str]:
    response_chain = []
    response = initial_input

    # ❸ 단계별 프롬프트와 이전 응답을 이어서 LLM 호출
    for i, prompt in enumerate(prompt_chain, 1):
        print(f"\n============ {i} 단계 ============\n")

        # 최종 프롬프트 작성
        final_prompt = f"""{prompt}

응답 시 아래 내용을 참고해.
{response}"""

        print(f"◇ 프롬프트:\n{final_prompt}\n")
        response = llm_call(final_prompt)
        response_chain.append(response)
        print(f"☑ 응답:\n{response}\n")

    return response_chain

if __name__ == "__main__":
    # ❹ 단계별 프롬프트 생성
    prompts = [
# 1단계: 여행 후보지 세 곳 추천
"""사용자의 여행 취향을 바탕으로 적합한 여행지 세 곳을 추천해.
- 사용자가 입력한 내용을 요약해.
- 추천한 여행지가 왜 적합한지 설명해.
- 각 여행지의 기후, 주요 관광지를 알려줘.""",
```

```
    # 2단계: 한 곳을 선택하고 다섯 가지 활동 나열
    """가장 추천하는 여행지 한 곳을 선정하고, 거기서 할 수 있는 활동을 제안해.
    - 왜 최종 여행지로 선정했는지 설명해.
    - 해당 여행지에서 즐길 수 있는 다섯 가지 활동을 나열해.
    - 자연 탐방, 역사 탐방, 음식 체험 등 다양한 영역의 활동을 골라줘.""",

    # 3단계: 최종 추천 여행지의 하루 일정 계획
    """추천한 여행지의 하루 일정 계획을 세워줘.
    - 오전, 오후, 저녁으로 나눠 일정을 짜줘.
    - 각 시간대에 어떤 활동을 하면 좋을지 설명해.""",
    ]

        # ❺ 여행 스타일 입력 및 프롬프트 체이닝 함수 호출
        # 입력 예: 따뜻한 날씨를 좋아하고 역사적인 장소를 둘러보는 걸 선호해.
        user_input = input("여행 스타일 입력: \n")
        results = prompt_chain_workflow(user_input, prompts)

        # ❻ 최종 응답 출력
        print("============ 최종 응답 ============")
        print(results[-1])
```

❶ `llm_call()` 함수 임포트

- utils.py 파일의 LLM 호출 함수인 `llm_call`을 임포트합니다.

❷ 프롬프트 체이닝 함수 선언

- 단계별 프롬프트를 처리하는 `prompt_chain_workflow()` 함수를 선언합니다.

- `prompt_chain_workflow()` 함수는 사용자의 질문을 입력받아 `initial_input` 변수에 저장하고, 단계별 프롬프트가 저장된 문자열 리스트를 입력받아 `prompt_chain` 변수에 저장합니다.

❸ 단계별 프롬프트와 이전 응답을 이어서 LLM 호출

- `prompt_chain` 리스트에 저장된 3단계 프롬프트를 for 문을 사용해 순차적으로 실행합니다.

- `enumerate(prompt_chain, 1)`은 각 프롬프트에 1부터 단계의 번호를 붙여 출력하고, 현재 프롬프트(prompt)와 이전 단계의 응답(response)을 합쳐 최종 프롬프트(final_prompt)를 만듭니다.

- 이후 `llm_call()` 함수를 호출해 LLM에 요청을 보내고, 그 결과를 `response_chain` 리

스트에 추가합니다. for 문을 한 번 반복할 때마다 최종 프롬프트(final_prompt)와 응답 (response)이 출력됩니다.

- 3단계까지 프롬프트 체이닝을 실행한 후 최종적으로 response_chain 리스트를 반환합니다.

❹ **단계별 프롬프트 생성**

- 여행지 추천 에이전트의 단계별 프롬프트를 정의합니다.
- 3단계로 구성된 프롬프트 체이닝이므로 3개의 문자열로 이뤄진 리스트(prompts)를 만듭니다.
- 단계를 추가하고 싶을 때는 리스트에 프롬프트를 추가하면 됩니다.

❺ **여행 스타일 입력 및 프롬프트 체이닝 함수 호출**

- input() 함수를 이용해 사용자로부터 입력을 받습니다.
- prompt_chain_workflow() 함수를 호출해 사용자의 입력 내용(user_input)과 3단계 프롬프트(prompts)를 전달하고, 함수 실행 결과를 받아 results 리스트에 저장합니다.

❻ **최종 응답 출력**

- 3단계 프롬프트 체이닝을 거쳐 얻은 최종 응답(results[-1])을 출력합니다.

python ch02_prompt_chaining.py 명령으로 프로그램을 실행해 안내 문구가 나오면 여행 스타일을 입력하고 Enter 를 누릅니다.

그림 2-10 여행 스타일 입력

```
(venv) PS C:\Users\gilbut\Desktop\ai_agent> python ch02_prompt_chaining.py
여행 스타일 입력:
따뜻한 날씨를 좋아하고 자연 경관과 역사적인 장소를 둘러보는 걸 선호해.
```

에이전트는 1, 2, 3단계를 차례로 수행한 후 최종 응답을 출력합니다.

- **1단계:** 사용자가 입력한 내용을 기반으로 여행지 세 곳을 선정합니다.
- **2단계:** 가장 적절한 여행지를 한 곳 선택하고, 거기서 할 수 있는 다섯 가지 활동을 나열합니다.
- **3단계:** 2단계에서 선택한 여행지의 하루 일정 계획을 세웁니다.
- **최종 응답:** 3단계의 응답을 한 번 더 출력합니다.

그림 2-11 실행 결과

```
============ 1 단계 ============

◆ 프롬프트:
사용자의 여행 취향을 바탕으로 적합한 여행지 세 곳을 추천해.
- 사용자가 입력한 내용을 요약해.
- 추천한 여행지가 왜 적합한지 설명해.
- 각 여행지의 기후, 주요 관광지를 알려줘.

응답 시 아래 내용을 참고해.
따뜻한 날씨를 좋아하고 자연 경관과 역사적인 장소를 둘러보는 걸 선호해.

☑ 응답:
### 사용자 여행 취향 요약:
- **날씨**: 따뜻한 날씨 선호
- **활동**: 자연 경관과 역사적인 장소 탐방 선호
```

```
============ 2 단계 ============

◆ 프롬프트:
가장 추천하는 여행지 한 곳을 선정하고, 거기서 할 수 있는 활동을 제안해.
- 왜 최종 여행지로 선정했는지 설명해.
- 해당 여행지에서 즐길 수 있는 다섯 가지 활동을 나열해.
- 자연 탐방, 역사 탐방, 음식 체험 등 다양한 영역의 활동을 골라줘.

응답 시 아래 내용을 참고해.
### 사용자 여행 취향 요약:
- **날씨**: 따뜻한 날씨 선호
- **활동**: 자연 경관과 역사적인 장소 탐방 선호

### 추천 여행지

1. **그리스, 산토리니**
   - **기후**: 여름에는 평균 기온이 25-30도 사이로 따뜻하며, 맑은 날씨가 지속됩니다.
   - **주요 관광지**:
```

```
============ 3 단계 ============

◆ 프롬프트:
추천한 여행지의 하루 일정 계획을 세워줘.
- 오전, 오후, 저녁으로 나눠 일정을 짜줘.
- 각 시간대에 어떤 활동을 하면 좋을지 설명해.

응답 시 아래 내용을 참고해.
### 추천 여행지: **그리스, 산토리니**

**적합한 이유**: 산토리니는 따뜻한 날씨와 함께 환상적인 자연 경관과 역사적인 유적지를
같은 풍경과 감동적인 일몰로 유명합니다. 이런 배경은 자연 탐방과 역사적 탐방을 동시에 즐

### 산토리니에서 즐길 수 있는 활동

1. **오이아 마을 탐방**:
   - 오이아 마을의 프로                      시면 마을을 산책하고
```

```
============ 최종 응답 ============
산토리니에서의 하루 일정을 아래와 같이 제안합니다.

### 오전: 아크로티리 유적지 탐방

- **08:30 - 10:30**: 아크로티리 유적지 방문
   - 아침 일찍 아크로티리 유적지로 향해 고대 미노아 문명의 역사를 탐방해보세요. 유적지
투어를 이용하면 더 깊이 있는 설명을 들을 수 있습니다.

- **10:30 - 11:30**: 근처 카페에서 브런치
   - 유적지 근처의 카페에서 간단한 브런치를 즐길 수 있습니다. 그리스 전통 빵과 올리브,

### 오후: 흑모래 해변에서 수영 & 하이킹

- **12:00 - 14:00**: 흑모래 해변에서 수영
   - 아침 일정을 마친 후 페리산(흑모래 해변으로 이동합니다. 독특한 검은 모래와 푸른 바
```

프롬프트 체이닝 개선하기

프롬프트 체이닝을 구현했지만 한 가지 아쉬운 점이 있습니다. prompt_chain_workflow() 함수는 LLM을 호출할 때 직전 호출 시 응답 결과만 다음 단계의 프롬프트로 활용합니다. 즉 1단계에서 사용자가 입력한 내용(따뜻한 날씨를 좋아하고 자연 경관과 역사적인 장소를 둘러보는 걸 선호해.)이 2단계와 3단계의 응답에 반영되지 않을 수도 있습니다. 하지만 프롬프트 체이닝에서 처음에 사용자가 입력한 내용은 중요한 정보이므로 2단계와 3단계에서도 그 맥락이 계속 유지돼야 합니다. 이에 다음과 같이 프롬프트 체이닝을 개선합니다.

그림 2-12 개선된 프롬프트 체이닝

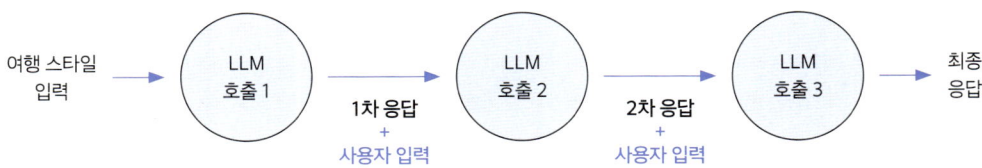

다음 코드에서 파란색으로 표시된 부분을 참고해 prompt_chain_workflow() 함수를 수정합니다.

ch02_prompt_chaining.py

```
# 단계별 프롬프트와 이전 응답을 이어서 LLM 호출
for i, prompt in enumerate(prompt_chain, 1):
    print(f"\n============ {i} 단계 ============\n")

    # 최종 프롬프트 작성
    final_prompt = f"""{prompt}

처음에 사용자가 입력한 내용은 다음과 같아. 응답할 때 항상 이 내용을 고려해.
{initial_input}

또한 응답 시 아래 내용도 참고해.
{response}"""
```

코드를 저장하고 다시 실행하면 모든 단계에서 이전 응답뿐만 아니라 처음에 사용자가 입력한 내용까지 고려한 답변이 출력됩니다. 최종 프롬프트에 사용자의 처음 입력 내용(initial_input)이 추가되고, 단계별 응답이 사용자의 의도에 더욱 부합하는 방향으로 바뀝니다.

그림 2-13 실행 결과

```
============ 최종 응답 ============
치앙마이에서의 하루 일정은 다음과 같습니다. 이 일정은 따뜻한 날씨 속에서 자연 경관과 역사
적인 장소를 모두 즐길 수 있도록 구성하였습니다.

### 오전: 도이 수텝 사원 탐방
- **09:00 - 10:30**: 도이 수텝 사원으로 이동 후 탐방
   - 치앙마이를 대표하는 명소인 도이 수텝 사원에 방문하여 아름다운 사원 및 주위의 산악 경
관을 감상합니다. 사원까지 올라가는 길은 경치가 아주 아름다워 산책하기에 좋습니다. 사원 내
부의 정교한 건축물에도 감탄하고, 일출 시간대에 방문한다면 더욱 환상적인 풍경을 즐길 수 있
습니다.

- **10:30 - 12:00**: 주변 카페에서 휴식
   - 탐방 후, 사원 근처의 카페에서 커피 한 잔과 함께 주변 경관을 감상하며 휴식을 취합니다.
 이 시간을 통해 태국의 커피 문화를 체험할 수 있습니다.
```

2.3 에이전트 UI 완성하기

프롬프트 체이닝 에이전트에 사용자 친화적인 웹 UI를 추가해 프로그램을 완성해 봅시다. 이를 위해 streamlit 패키지를 사용하는데, 이 패키지는 **1.2절**의 실습에서 설치했습니다. 만약 설치하지 않았다면 다음 명령으로 설치하세요.

```
Terminal
> pip install streamlit
```

2.3.1 UI 미리 보기

프롬프트 체이닝 에이전트의 실행 화면은 다음과 같이 세 부분으로 나뉩니다.

그림 2-14 프롬프트 체이닝 에이전트의 웹 실행 화면

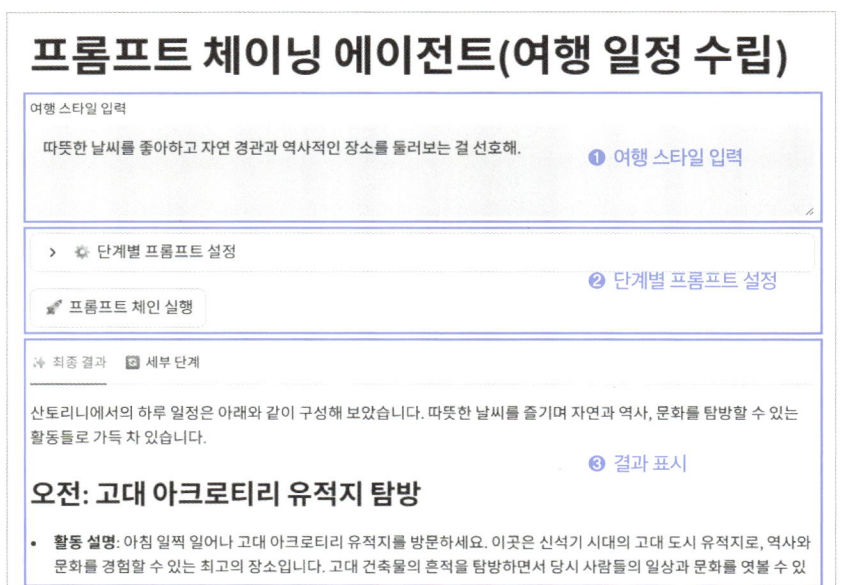

❶ **여행 스타일 입력:** 사용자가 선호하는 여행 취향과 여행 기간 등을 입력합니다.

❷ **단계별 프롬프트 설정:** 프롬프트 체이닝의 단계별 프롬프트를 설정합니다. 기본으로 입력된 내용을 그대로 사용해도 되고, 화면에서 수정한 후 사용해도 됩니다.

❸ **결과 표시:** AI의 실행 결과를 2개의 탭으로 나눠 보여줍니다. [최종 결과] 탭에는 프롬프트 체이닝을 수행한 최종 3단계 응답만 표시하고, [세부 단계] 탭에는 각 단계의 입력 프롬프트와 응답을 모두 표시합니다.

2.3.2 UI 완성하기

2.2절에서 만든 프로그램은 터미널에서 실행 결과를 확인하는 형태라 그대로 사용할 수 없습니다. 따라서 새 파일을 만들고 코드의 주요 로직만 가져와 프로그램을 완성하겠습니다.

ch02_prompt_chaining_ui.py 파일을 생성하고 다음 코드를 입력한 후 저장합니다.

> **TIP** import 문으로 파이썬 패키지를 불러올 때는 대·소문자를 구분해 입력하세요. import 문에서 streamlit이라고 작성하면 정상적으로 실행되지만, 대문자를 포함해 Streamlit이라고 작성하면 오류가 발생합니다.

ch02_prompt_chaining_ui.py
```python
import streamlit as st
from typing import List
from utils import llm_call

default_prompts = [
"""사용자의 여행 취향을 바탕으로 적합한 여행지 세 곳을 추천해.
- 사용자가 입력한 내용을 요약해.
- 추천한 여행지가 왜 적합한지 설명해.
- 각 여행지의 기후, 주요 관광지를 알려줘.""",

"""가장 추천하는 여행지 한 곳을 선정하고, 거기서 할 수 있는 활동을 제안해.
- 왜 최종 여행지로 선정했는지 설명해.
- 해당 여행지에서 즐길 수 있는 다섯 가지 활동을 나열해.
- 자연 탐방, 역사 탐방, 음식 체험 등 다양한 영역의 활동을 골라줘.""",

"""추천한 여행지의 하루 일정 계획을 세워줘.
- 오전, 오후, 저녁으로 나눠 일정을 짜줘.
- 각 시간대에 어떤 활동을 하면 좋을지 설명해.""",
]

# ❶ 프롬프트 체이닝 함수 개선
def prompt_chain_workflow(initial_input: str, prompt_chain: List[str]) -> List[str]:
    response_chain = []
```

```python
        final_prompts = []
        previous_response = initial_input
        for i, prompt in enumerate(prompt_chain, 1):
            final_prompt = f"""{prompt}

처음에 사용자가 입력한 내용은 다음과 같아. 응답할 때 항상 이 내용을 고려해.
{initial_input}

또한 응답 시 아래 내용도 참고해.
{previous_response}"""

            final_prompts.append(final_prompt)
            response = llm_call(final_prompt)
            response_chain.append(response)
            previous_response = response

        return response_chain, final_prompts

# ❷ 메인 함수 선언 및 페이지 설정
def main():
    st.set_page_config(page_title="프롬프트 체이닝 에이전트", layout="wide")
    st.title("프롬프트 체이닝 에이전트(여행 일정 수립)")

    # 텍스트 입력창 생성
    initial_input = st.text_area(
        "여행 스타일 입력",
        value = """따뜻한 날씨를 좋아하고 자연 경관과 역사적인 장소를 둘러보는 걸 선호해."""
    )

    # ❸ 단계별 프롬프트 설정창 생성
    custom_prompts = []
    with st.expander("⚙ 단계별 프롬프트 설정", expanded=False):
        for i, default_prompt in enumerate(default_prompts, 1):
            edited = st.text_area(
                f"프롬프트 {i}",
                value = default_prompt,
                height = 140,
                key = f"prompt_{i}"
            )
            custom_prompts.append(edited)

    # ❹ 프롬프트 체인 실행
    if st.button("🚀 프롬프트 체인 실행"):
```

```python
            final_result_tab, details_tab = st.tabs(["✨ 최종 결과", "🔄 세부 단계"])
            with st.spinner("실행 중입니다..."):
                results, final_prompts = prompt_chain_workflow(initial_input,
                                                               custom_prompts)
                # ❺ 결과 표시
                with final_result_tab:
                    st.write(results[-1])
                with details_tab:
                    for i in range(len(custom_prompts)):
                        with st.expander(f"📝 {i+1} 단계: 프롬프트와 응답", expanded=False):
                            st.markdown(f"===== 프롬프트 =====")
                            st.code(final_prompts[i])
                            st.markdown(f"===== 응답 =====")
                            st.write(results[i])

if __name__ == "__main__":
    main()
```

❶ 프롬프트 체이닝 함수 개선

- 기존 프롬프트 체이닝 함수는 단계별 응답 결과만 리스트 형태로 반환했습니다(return response_chain).

- 개선된 함수는 UI 화면에 단계별 응답뿐만 아니라 각 단계에 입력된 프롬프트도 보여줍니다. 이를 위해 final_prompts 리스트를 만들고 단계별 프롬프트를 리스트에 추가한 후 함수 실행 결과로 반환합니다(return response_chain, final_prompts).

❷ 메인 함수 선언 및 페이지 설정

- 스트림릿 프로그램의 전체 레이아웃과 동작을 정의하는 main() 함수를 선언합니다.

- st.set_page_config()로 웹 페이지의 제목과 레이아웃을 설정합니다.

- st.title()로 이 프로그램의 제목을 표시합니다.

- st.text_area()로 텍스트 입력창을 만들고, 이 창을 통해 입력받은 내용을 initial_input 변수에 저장합니다.

❸ 단계별 프롬프트 설정창 생성

- 단계별 프롬프트 설정창을 만들고 기본 프롬프트(default_prompts) 리스트를 보여줍니다.

- 사용자가 프롬프트를 수정할 수 있으니 프롬프트의 내용을 새로운 프롬프트 리스트(custom_prompts)로 수집합니다.

❹ **프롬프트 체인 실행**

- [프롬프트 체인 실행] 버튼을 클릭하면 prompt_chain_workflow() 함수를 호출해 에이전트를 실행합니다.
- 사용자가 입력한 텍스트와 새로운 프롬프트 리스트를 함수의 입력값으로 전달합니다.

❺ **결과 표시**

- 에이전트의 실행 결과를 [✦ 최종 결과], [↻ 세부 단계] 탭으로 나눠 표시합니다.
- [✦ 최종 결과] 탭에는 3단계의 응답인 여행 일정을 표시하고, [↻ 세부 단계] 탭에는 1, 2, 3단계별로 LLM에 전달된 프롬프트와 그에 대한 LLM의 응답을 표시합니다.

`streamlit run ch02_prompt_chaining_ui.py` 명령으로 프로그램을 실행합니다. 텍스트 입력창의 내용과 단계별 프롬프트 설정을 확인하고 [프롬프트 체인 실행] 버튼을 클릭하면 결과가 출력됩니다.

그림 2-15 실행 결과

1. 프롬프트 체이닝의 개념

① 프롬프트 체이닝은 복잡한 작업을 여러 개의 단순한 작업으로 나눠 순차적으로 처리하는 방식입니다.

② 프롬프트 체이닝은 응답 품질 향상, 복잡한 문제 해결, 용이한 디버깅, 투명한 추론 과정 등의 장점이 있어 AI 에이전트의 효율성과 신뢰성을 높일 수 있습니다.

2. LLM 호출 함수

① 프롬프트를 입력받아 LLM에 요청을 보내고, LLM의 응답 중 본문만 추출해 반환합니다.

② 이 함수는 유틸리티 함수로 선언해 다른 AI 에이전트에서도 사용합니다.

```python
# LLM 호출 함수
def llm_call(prompt: str,  model: str = "gpt-4o-mini") -> str:
    messages = []
    messages.append({"role": "user", "content": prompt})
    chat_completion = sync_client.chat.completions.create(
        model = model,
        messages = messages,
    )
    return chat_completion.choices[0].message.content
```

3. 프롬프트 체이닝 함수

① 여러 개의 프롬프트를 순서대로 실행함으로써 프롬프트 체이닝을 구현합니다.

② 단계마다 현재 프롬프트, 사용자의 처음 입력 내용, 직전 응답을 합쳐 최종 프롬프트를 만들며, 최종 프롬프트를 LLM에 전달해 응답을 받고 결과를 저장한 후 다음 단계로 넘어갑니다.

③ 모든 단계를 수행하고 나면 최종적으로 단계별 응답이 담긴 리스트를 반환합니다.

```python
# 프롬프트 체이닝 함수
def prompt_chain_workflow(initial_input: str, prompt_chain: List[str]) -> List[str]:
    response_chain = []
    response = initial_input

    for i, prompt in enumerate(prompt_chain, 1):
        print(f"\n============ {i} 단계 ============\n")

        # 최종 프롬프트 작성
        final_prompt = f"""{prompt}

처음에 사용자가 입력한 내용은 다음과 같아. 응답할 때 항상 이 내용을 고려해.
{initial_input}

또한 응답 시 아래 내용도 참고해.
{response}"""

        print(f"♠ 프롬프트:\n{final_prompt}\n")
        response = llm_call(final_prompt)
        response_chain.append(response)
        print(f"✓ 응답:\n{response}\n")

    return response_chain
```

정리하기 퀴즈

▶ 정답 222쪽

1 프롬프트 체이닝이란 무엇인가?

2 프롬프트 체이닝을 사용하는 가장 큰 이유는?

① API 호출 횟수를 줄이기 위해

② 응답 속도를 빠르게 하기 위해

③ LLM이 더 짧은 답변을 하도록 유도하기 위해

④ 복잡한 작업을 작게 나눠 해결하기 위해

3 다음 중 프롬프트 체이닝의 장점이 아닌 것은?

① API Key의 보안 강화   ② 복잡한 문제 해결

③ 추론 과정의 투명성 확보   ④ 응답 품질 향상

4 프롬프트 체이닝에서 첫 번째 프롬프트의 결과는 다음 프롬프트에서 어떤 역할을 하는가?

◐ 계속

5 다음 코드의 final_prompt는 어떤 방식으로 구성되는가?

```
final_prompt = f"""{prompt}
처음에 사용자가 입력한 내용은 다음과 같아. 응답할 때 항상 이 내용을 고려해.
{initial_input}
또한 응답 시 아래 내용도 참고해.
{response}"""
```

① prompt만 그대로 전달한다.

② LLM의 이름과 API Key를 함께 전달한다.

③ 사용자의 입력을 무시하고 response만 전달한다.

④ initial_input과 직전 response를 참고해 prompt를 보완한 후 전달한다.

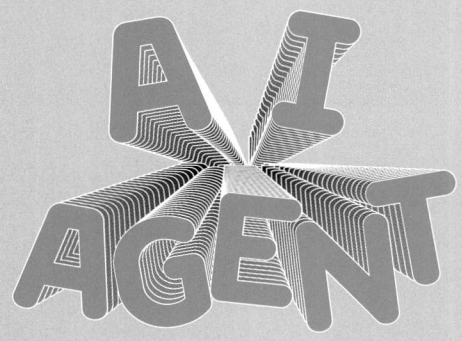

3장
라우팅

이 장에서는 사용자의 질문을 분석하고, 그 성격에 맞게 최적의 경로를 선택해 답변하는 라우팅 에이전트를 만듭니다.

3.1 라우팅 개요

3.1.1 라우팅의 개념

몸이 아파서 큰 병원에 가면 접수처에서 어디가 아픈지 묻습니다. 그리고 환자의 증상에 따라 예컨 대 코나 목이 아프면 이비인후과로, 허리가 아프면 정형외과로 안내합니다.

회사에서 일을 할 때도 마찬가지입니다. 계약서를 작성할 때 법률 조언이 필요하면 법무팀에 문의 하고, 세금 계산서 발행과 같은 비용 정산 관련 지원은 재무팀에 문의합니다. 이처럼 어떤 문제가 발생했을 때 해당 전문가나 부서에 일을 위임하는 것은 대표적인 문제 해결 방식 중 하나입니다.

그림 3-1 담당 부서에 일을 위임하는 방식

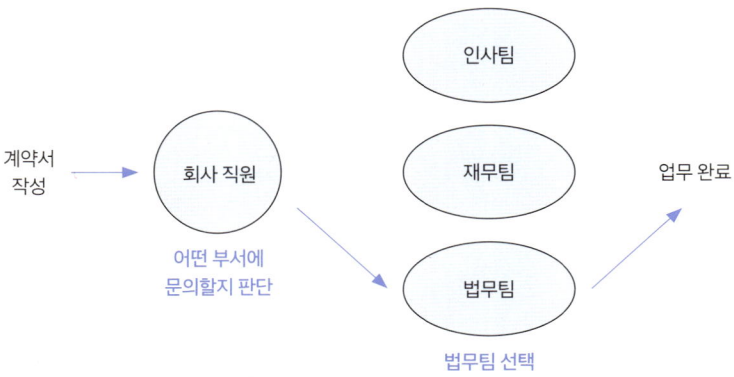

이 장에서 공부할 **라우팅** 역시 문제를 해결하는 여러 경로 중 가장 적합한 경로를 선택해 최종 답변 을 도출하는 방식입니다. 각 라우팅 경로는 사용하는 LLM이나 시스템 프롬프트 등을 다르게 설 정할 수 있으며, 필요하면 특정 경로에 프롬프트 체이닝을 추가해 LLM 호출을 연속적으로 수행 하게 할 수도 있습니다. 즉 라우팅은 모든 문제를 하나의 단일 프로세스로 처리하는 것이 아니라 미리 정의된 여러 경로 중 하나를 선택해 문제를 해결합니다.

그림 3-2 라우팅의 개념

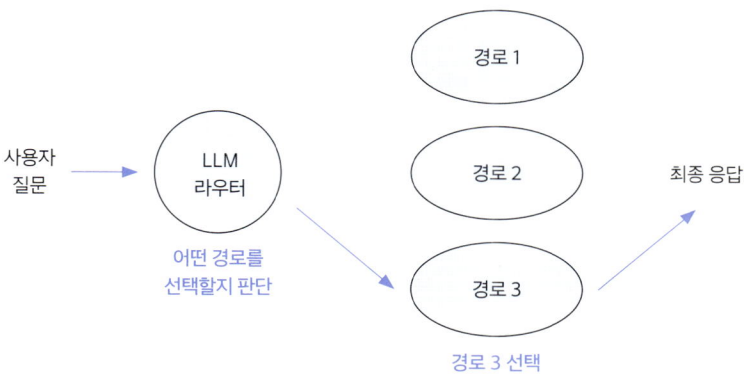

> 🗒️ **NOTE** 시스템 프롬프트
>
> **시스템 프롬프트**(system prompt)는 AI가 응답을 생성할 때 따를 역할, 말투, 목표 등을 미리 정의해 모델의 기본 성격과 응답 방식을 결정하는 지시문을 말합니다. 즉 사용자가 어떤 질문을 하더라도 AI가 일관된 성격과 관점으로 답변하도록 방향을 제시하는, 모델 내부의 기본 설정 문장입니다.

3.1.2 라우팅의 장점

질문에 맞게 경로를 선택해 답변을 받는 라우팅은 응답 품질이 뛰어나고, 에이전트의 유지·보수 및 확장에 유리하며, 문제 처리의 효율성이 높습니다.

우수한 응답 품질

한 가지 경로로 문제를 처리하면 대개는 전문적이고 깊이 있는 답변을 받기 어렵습니다. 그러나 라우팅을 사용하면 코딩, 법률, 회계 등 다양한 분야의 요청에 대해 각 분야의 전문 에이전트가 응답하도록 구성할 수 있습니다. 그럼으로써 각 질문의 특성에 맞는 정확하고 신뢰도 높은 답변을 얻게 됩니다.

용이한 유지·보수 및 확장

라우팅은 문제 해결을 위한 각 경로의 역할이 명확히 나뉘어 있어, 경로별 기능을 수정하거나 새 경로를 추가할 때 전체 시스템을 건드릴 필요가 없습니다. 예를 들어 코딩 요청을 받아 처리하는 경로를 수정해야 한다면 해당 경로만 수정하면 되고, 회계 요청을 처리하는 에이전트가 필요하다면 회계 전문 에이전트를 추가하면 됩니다.

속도와 비용의 효율성

라우팅은 문제의 유형이나 난이도에 따라 적절한 LLM을 사용함으로써 처리 속도를 향상하고 LLM 사용 비용을 합리적으로 줄일 수 있습니다. 예를 들어 간단한 계산이나 일정 관리 같은 요청에는 빠르고 저렴한 경량 모델을 사용하고, 복잡한 작업이나 심층 분석이 필요한 요청에는 비용이 높은 추론 모델을 사용합니다.

3.1.3 주요 활용 사례

라우팅은 고객 상담부터 심층 리서치까지 다양한 분야에 활용됩니다.

고객 상담 챗봇

고객의 문의는 요금 청구, 요금제 변경·해지, 기술 지원, 일반 문의와 같이 몇 가지 카테고리로 구분할 수 있습니다. 라우팅은 질문을 받는 즉시 이러한 카테고리에 따라 적절한 경로를 선택합니다. 예를 들어 고객이 '청구서가 이상해요'라고 문의하면 '요금 청구' 카테고리로 분류한 뒤, 결제 정보 시스템에서 관련 데이터를 불러와 답변에 반영함으로써 훨씬 더 구체적이고 맞춤화된 답변을 제공합니다.

그림 3-3 고객 상담 챗봇의 예

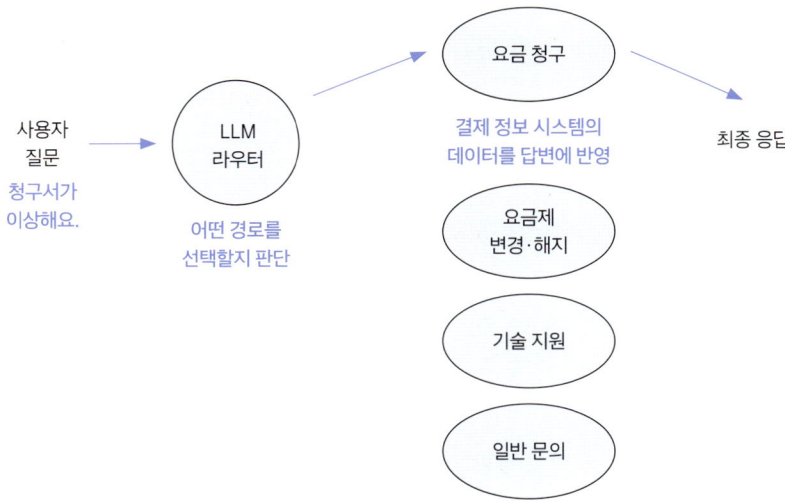

사내 지식 도우미

라우팅은 사용자가 요청한 작업의 난이도나 복잡도에 따라 사용할 LLM을 동적으로 선택할 수 있습니다. 예를 들어 '복리후생 제도를 알려줘'와 같은 단순한 정보 조회 요청에는 빠르고 저렴한 LLM을 사용하고, '경쟁사의 전략을 분석해 정리해줘'와 같은 복잡한 요청에는 고비용의 추론 모델을 사용합니다. 이처럼 질문의 성격에 따라 LLM을 선별적으로 활용하면 에이전트의 운영 비용을 절감하고 자원을 효율적으로 관리할 수 있습니다.

그림 3-4 사내 지식 도우미의 예

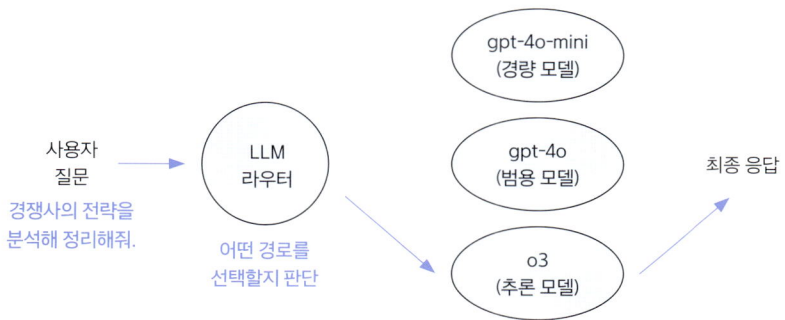

리서치 에이전트

사용자가 전략 수립, 시장 조사, 데이터 요약 등의 요청을 할 때 라우팅을 이용하면 사용자의 입력 내용에 따라 후속 동작을 동적으로 결정할 수 있습니다.

- **질문이 모호하거나 의도가 불분명한 경우:** 에이전트가 후속 질문을 통해 요구 사항을 구체화합니다.
- **질문이 지나치게 포괄적인 경우:** 관련 주제를 몇 가지로 나눠 선택지를 제시함으로써 리서치 주제를 선정합니다.
- **충분히 구체적이고 적절한 입력값인 경우:** 바로 리서치 단계로 넘어갑니다.

이렇게 라우팅을 이용하면 사용자의 요청에 맞는 최적의 흐름을 설계할 수 있습니다.

그림 3-5 리서치 에이전트의 예

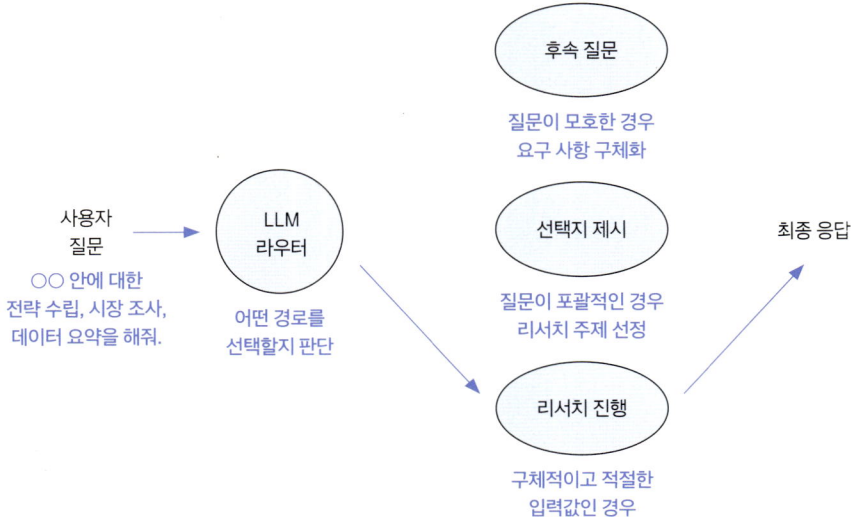

다음 절에서는 라우팅을 파이썬 코드로 구현하는 방법을 알아봅시다.

3.2 라우팅 에이전트 만들기

3.2.1 에이전트 미리 보기

여기서 만들 라우팅 에이전트는 일상적인 요청, 간단한 문제, 복잡한 코딩 등을 질문으로 받고, 각 질문을 처리하는 데 가장 적합한 경로를 선택해 답변합니다.

그림 3-6 라우팅 에이전트의 작동 과정

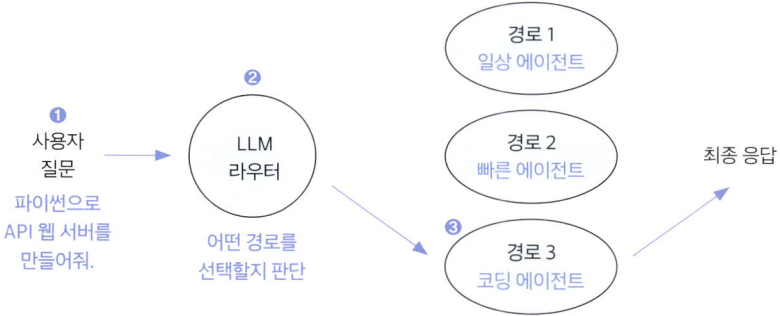

- ❶ **질문 입력:** '여행 일정을 짜줘', '1 더하기 2는?', '파이썬으로 API 웹 서버를 만들어줘' 등의 질문을 입력합니다.
- ❷ **LLM 라우터 작동:** LLM 라우터가 질문을 분석해 세 가지 경로인 '일상', '빠른', '코딩' 중에서 하나를 선택합니다.
- ❸ **LLM 응답:** 선택된 경로를 기반으로 LLM을 호출하고 최종 응답을 받습니다.

3.2.2 단계별 구현하기

이제 라우팅 에이전트를 구현해 봅시다. 가상 환경이 활성화되지 않았다면 다음 명령으로 활성화합니다.

```
Terminal
> venv\scripts\activate  ------ 윈도우
> source venv/bin/activate  --- 맥OS
```

LLM 라우팅 함수 만들기

LLM 라우팅 함수는 사용자의 질문을 분석해 미리 정의된 여러 경로(일상, 빠른, 코딩) 중 하나를 선택하며, 함수명이 llm_router_call()입니다.

그림 3-7 LLM 라우팅 함수

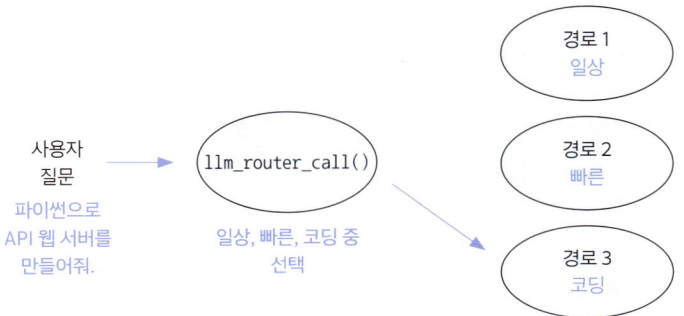

ch03_routing.py 파일을 생성하고 다음 코드를 입력한 후 저장합니다. **2장**에서 작성한 **utils.py** 파일의 llm_call() 함수를 임포트해 사용하는 코드입니다.

ch03_routing.py

```
from utils import llm_call

# ❶ LLM 라우팅 함수 선언
def llm_router_call(user_prompt: str) -> str:
    router_prompt = f"""
사용자 질문: {user_prompt}

위 질문에 대해 가장 적절한 유형을 하나 골라.
- 일상: 일반적인 대화, 일정 짜기, 정보 요청 등
- 빠른: 계산, 단답형 질문, 간단한 명령 등
- 코딩: 파이썬, 코드 작성, 오류 디버깅 등

단답형으로 유형만 출력해."""

    routing_result = llm_call(router_prompt).strip()
    return routing_result
```

```python
# ❷ 질문 입력과 유형 출력
if __name__ == "__main__":
    queries = [
        "리스본 여행 일정을 짜줘.",
        "1 더하기 2는 뭐지?",
        "파이썬으로 API 웹 서버를 만들어줘."
    ]
    for query in queries:
        result = llm_router_call(query)
        print(f"질문: {query} => 유형: {result}")
```

❶ **LLM 라우팅 함수 선언**

- 사용자의 질문을 입력받아 질문의 유형을 선택하는 `llm_router_call()` 함수를 선언합니다.

- `llm_router_call()` 함수는 사용자의 질문(user_prompt), 세 가지 유형(일상, 빠른, 코딩)에 대한 자세한 설명, 응답 시 유형만 출력하라는 내용을 합쳐 새 프롬프트(router_prompt)를 만들고, 이를 `llm_call()` 함수 호출 시 프롬프트로 넘깁니다.

- `llm_call()` 함수의 호출 결과로 '일상', '빠른', '코딩' 중 사용자의 질문에 가장 적절한 유형을 판단해 반환합니다.

❷ **질문 입력과 유형 출력**

- 질문 예시 리스트(queries)를 만들고, 이 리스트를 순회하며 `llm_router_call()` 함수를 호출합니다.

- `llm_router_call()` 함수의 호출 결과로 일상적인 질문의 경우 '일상', 빠른 응답이 가능한 질문의 경우 '빠른', 복잡한 코드 작성에 관한 질문의 경우 '코딩'을 반환받고 이를 출력합니다.

`python ch03_routing.py` 명령으로 프로그램을 실행하면 다음과 같이 세 가지 질문의 유형이 출력됩니다.

그림 3-8 실행 결과

```
(venv) PS C:\Users\gilbut\Desktop\ai_agent> python ch03_routing.py
질문: 리스본 여행 일정을 짜줘. => 유형: 일상
질문: 1 더하기 2는 뭐지? => 유형: 빠른
질문: 파이썬으로 API 웹 서버를 만들어줘. => 유형: 코딩
```

> **NOTE 규칙 기반 라우팅**
>
> AI를 이용해 유형을 분류하는 LLM 라우팅이 등장하기 전에는 **규칙 기반 라우팅**(rule-based routing)을 사용했습니다. 이는 사용자의 질문에 '파이썬', '코드' 등의 특정 키워드가 포함됐는지 확인해 경로를 선택하는 방식입니다.
>
> 규칙 기반 라우팅
> ```python
> from utils import llm_call
>
> # 규칙 기반 라우팅 함수
> def rule_based_router(user_prompt: str) -> str:
>     prompt = user_prompt.lower()
>
>     if any(kw in prompt for kw in ["일정", "여행", "추천", "계획"]):
>         return "일상"
>     elif any(kw in prompt for kw in ["더하기", "+", "계산", "몇"]):
>         return "빠른"
>     elif any(kw in prompt for kw in ["파이썬", "코드", "오류", "api", "서버"]):
>         return "코딩"
>     else:
>         return "일상"
> ```
>
> 규칙 기반 라우팅에서는 AI가 쓰이지 않기 때문에 속도가 빠르며, 명확한 기준에 따라 경로를 나눌 수 있습니다. 그러나 사용자의 복잡하고 다양한 의도를 유연하게 파악하기 어렵다는 단점이 있습니다. 예를 들어 '여행지 추천 대신 여행 일정 앱을 만들어줘'와 같이 여러 키워드가 포함된 질문의 경우 유형을 정확히 분류하지 못합니다. 그러므로 실무에서는 명확한 키워드가 있는 질문에는 규칙 기반 라우팅을 적용하고 그 밖의 경우에는 LLM 라우팅을 적용하는 식으로 두 가지를 상호 보완적으로 활용합니다.

각 질문에 맞는 최종 응답 출력하기

각 질문에 맞는 최종 응답을 출력하기 위해 코드를 다음과 같이 수정합니다.

ch03_routing.py
```python
(전략)
# 질문 입력과 유형 출력
if __name__ == "__main__":

    # ❶ 라우팅 맵 정의
    ROUTING_MAP = {
```

```python
        "일상": "gpt-4o",
        "빠른": "gpt-4o-mini",
        "코딩": "o3"
    }

    queries = [
        "리스본 여행 일정을 짜줘.",
        "1 더하기 2는 뭐지?",
        "파이썬으로 API 웹 서버를 만들어줘."
    ]

    # ❷ 각 질문에 맞는 최종 응답 출력
    for query in queries:
        category = llm_router_call(query)
        selected_model = ROUTING_MAP.get(category, "gpt-4o")
        print(f"[질문] {query}")
        print(f"[선택된 모델] {selected_model}")
        response = llm_call(query, model=selected_model)
        print("[모델 응답 결과]")
        print(response)
```

❶ **라우팅 맵 정의**

- 세 가지 유형(일상, 빠른, 코딩)을 키(key)로 설정하고, 이를 처리하는 데 가장 적합한 LLM을 값(value)으로 설정한 ROUTING_MAP 딕셔너리를 정의합니다.

❷ **각 질문에 맞는 최종 응답 출력**

- llm_router_call() 함수를 호출해 사용자가 입력한 질문의 유형을 분류합니다.

- ROUTING_MAP에서 분류 결과(category) 키에 해당하는 값을 가져오고, 만약 키가 존재하지 않으면 기본값인 gpt-4o를 반환합니다.

- 이후 llm_call() 함수를 호출해 사용자의 질문, 사용 모델을 입력값으로 넘기고 최종 응답을 받아 출력합니다.

프로그램을 실행하면 질문의 유형에 따라 일상적인 질문에는 gpt-4o 모델을, 간단히 처리할 수 있는 질문에는 gpt-4o-mini 모델을, 고차원적인 코딩 작업에는 o3 모델을 이용해 답변합니다.

그림 3-9 실행 결과

```
● (venv) PS C:\Users\gilbut\Desktop\ai_agent> python ch03_routing.py
[질문] 리스본 여행 일정을 짜줘.
[선택된 모델] gpt-4o
[모델 응답 결과]
리스본은 아름다운 도시로, 풍부한 역사와 문화, 맛있는 음식, 멋진 풍경으로 가득합니
습니다.

### 1일차
- **오전**
  - **벨렘탑 (Torre de Belém):** 세계유산인 이곳에서 여행을 시작하세요.
  - **제로니모스 수도원 (Mosteiro dos Jerónimos):** 벨렘탑 근처에 있으며, 아름다운

[질문] 1 더하기 2는 뭐지?
[선택된 모델] gpt-4o-mini
[모델 응답 결과]
1 더하기 2는 3입니다.

[질문] 파이썬으로 API 웹 서버를 만들어줘.
[선택된 모델] o3
[모델 응답 결과]
다음 예제는 "가볍게 시작 → 실전에 바로 써먹기"를 목표로 한 FastAPI 기반 API 서버

1. 사전 준비
   • Python ≥ 3.8
   • (선택) 가상 환경:
     python -m venv venv
     source venv/bin/activate      # (Windows: venv\Scripts\activate)
```

> **NOTE** AI 모델의 종류
>
> 오픈AI에서 출시한 AI 모델은 다음과 같이 구분할 수 있습니다.
>
> - **범용 모델(GPT-4o):** 오픈AI의 대표 모델로, 대부분의 작업에서 괜찮은 성능을 발휘하고 응답 속도와 정확도, 비용 측면에서 무난합니다.
> - **경량 모델(GPT-4o-mini, GPT-4.1-nano):** 범용 모델보다 처리 속도가 빠르고 비용이 저렴합니다. 반복 호출이 많거나 빠른 응답이 필요할 때 적합하지만, 상대적으로 복잡하고 정교한 작업의 경우 범용 모델에 비해 한계가 있습니다.
> - **추론 모델(o3, o4-mini):** 코딩 등의 복잡한 문제 해결 및 분석에 알맞은 모델입니다. 다른 모델에 비해 응답 속도가 느리지만 더욱 정교한 분석과 문제 해결이 가능합니다.
>
> AI 모델의 속도와 성능은 상충적인 관계입니다. 따라서 답변의 정확도나 고차원적 풀이보다 빠른 응답을 원한다면 경량 모델을, 심층적인 분석을 해야 하고 시간 제약이 적으면 추론 모델을 활용하는 것이 좋습니다.
>
> 참고로 2025년 8월에 공개된 GPT-5는 기존의 범용·경량·추론 모델의 구분을 사실상 넘어선 새로운

통합형 추론 모델입니다. 본질적으로는 o3와 같은 추론 모델이지만, 상황에 맞게 추론 강도를 자동으로 조절해 간단한 질문에는 빠르게, 복잡한 요청에는 깊이 있게 응답합니다. 이는 라우팅 패턴이 모델 차원에서 구현된 결과라고도 볼 수 있습니다.

이 책에서는 독자의 이해를 돕기 위해 역할 구분이 뚜렷한 GPT-4o(범용), GPT-4o-mini(경량), o3 모델(추론)을 기준으로 설명합니다. 각 모델의 기능과 성능은 오픈AI의 공식 문서를 참고하세요.

- **공식 문서** https://platform.openai.com/docs/models/compare

그림 3-10 오픈AI의 모델 비교

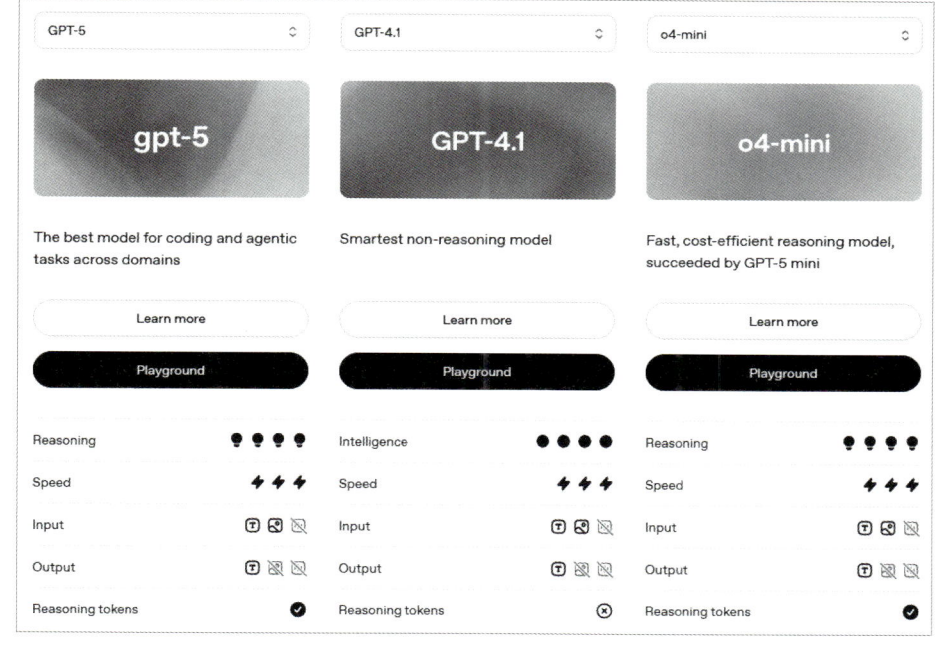

라우팅 패턴 개선하기

앞에서는 질문의 유형에 따라 사용할 LLM만 다르게 설정하는 단순한 형태의 라우팅 패턴을 구현했습니다. 그러나 질문의 유형별로 시스템 프롬프트를 다르게 설정하거나, 특정 경로에서는 응답 결과를 여러 차례 검증하는 절차를 추가할 수도 있습니다. 이러한 개선은 경로별로 함수를 완전히 분리해 기능이나 작동 방식을 개별적으로 구현하는 방식으로 이뤄집니다.

그림 3-11 라우팅 경로별 함수 분리

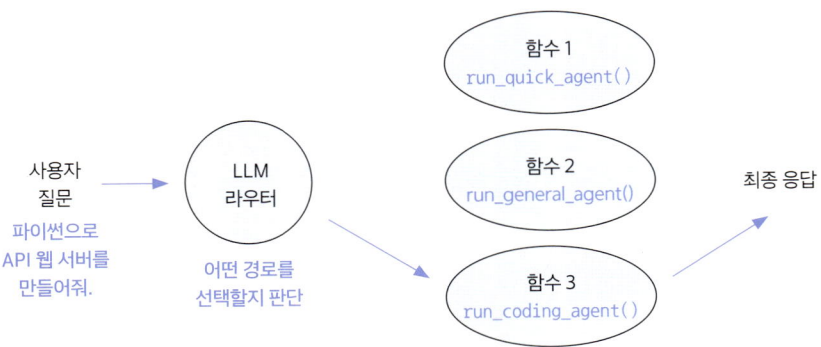

코드를 다음과 같이 수정합니다. 라우팅 경로별로 함수를 분리함으로써 경로마다 LLM, 시스템 프롬프트, 전처리 로직, 출력 방식 등을 유연하게 제어할 수 있습니다. 또한 라우팅 맵을 새로 정의하므로 기존 라우팅 맵 코드는 주석 처리합니다.

ch03_routing.py

```python
from utils import llm_call

# LLM 라우팅 함수 선언
def llm_router_call(user_prompt: str) -> str:
    router_prompt = f"""
사용자 질문: {user_prompt}

위 질문에 대해 가장 적절한 유형을 하나 골라.
- 일상: 일반적인 대화, 일정 짜기, 정보 요청 등
- 빠른: 계산, 단답형 질문, 간단한 명령 등
- 코딩: 파이썬, 코드 작성, 오류 디버깅 등

단답형으로 유형만 출력해."""

    routing_result = llm_call(router_prompt).strip()
    return routing_result

# ❶ 경로별 함수 선언
# 일상 에이전트
def run_general_agent(user_prompt: str) -> str:
    prompt = f"""
너는 다재다능한 일상 도우미야.
여행 일정, 추천, 요약 등 일상적인 질문에 친절하고 유용하게 답변하지.

[사용자 질문]
```

```python
{user_prompt}
"""
    return llm_call(prompt, model="gpt-4o")

# 빠른 에이전트
def run_quick_agent(user_prompt: str) -> str:
    prompt = f"""
너는 빠르고 간단한 응답을 제공하는 빠른 에이전트야.
사용자의 질문에 두괄식으로 간결하게 답변하지.

[사용자 질문]
{user_prompt}
"""
    return llm_call(prompt, model="gpt-4o-mini")

# 코딩 에이전트
def run_coding_agent(user_prompt: str) -> str:
    prompt = f"""
너는 뛰어난 코딩 비서야.
파이썬, 자바스크립트, API 개발, 오류 디버깅 등에 능숙해.
질문에 대해 최대한 정확하고 실행 가능한 코드를 제공하지.

[사용자 질문]
{user_prompt}
"""
    return llm_call(prompt, model="o3")

# 질문 입력과 유형 출력
if __name__ == "__main__":

    # 라우팅 맵 정의: 기존 코드 주석 처리
    # ROUTING_MAP = {
    #     "일상": "gpt-4o",
    #     "빠른": "gpt-4o-mini",
    #     "코딩": "o3"
    # }

    queries = [
        "리스본 여행 일정을 짜줘.",
        "1 더하기 2는 뭐지?",
        "파이썬으로 API 웹 서버를 만들어줘."
    ]
```

```python
# 각 질문에 맞는 최종 응답 출력
for query in queries:
    print("\n== 사용자 질문 ==")
    print(query)

    category = llm_router_call(query)

    # ❷ 라우팅 맵에 함수 대응 및 호출
    ROUTING_MAP = {
        "일상": run_general_agent,
        "빠른": run_quick_agent,
        "코딩": run_coding_agent
    }

    final_llm_call = ROUTING_MAP.get(category, run_general_agent)
    response = final_llm_call(query)

    print("[모델 응답 결과]")
    print(response)
```

❶ 경로별 함수 선언

- 세 가지 유형(일상, 빠른, 코딩)별로 함수를 선언하고, 함수마다 시스템 프롬프트와 사용 모델을 다르게 설정합니다.

- run_general_agent() 함수는 일반적인 질문에 답하고 gpt-4o 모델을 사용합니다.

- run_quick_agent() 함수는 단답형 질문에 빠르게 답하고 gpt-4o-mini 모델을 사용합니다.

- run_coding_agent() 함수는 코딩과 관련된 질문에 답하고 o3 모델을 사용합니다.

❷ 라우팅 맵에 함수 대응 및 호출

- 앞에서는 라우팅 맵에서 질문의 유형별로 단순히 사용할 LLM만 대응시켰다면, 이제는 질문의 유형별로 호출하는 함수를 대응시킵니다.

- 라우팅 맵에서 llm_router_call() 함수가 반환한 질문의 유형(category)에 해당하는 함수를 찾아 final_llm_call 변수에 저장합니다.

- final_llm_call 변수에는 함수 객체가 저장돼 있으며, 이후 final_llm_call(query) 명령으로 해당 유형에 연결된 함수를 호출해 최종 응답을 받아 출력합니다.

프로그램을 실행하면 다음과 같은 결과가 출력됩니다.

그림 3-12 실행 결과

```
(venv) PS C:\Users\gilbut\Desktop\ai_agent> python ch03_routing.py

== 사용자 질문 ==
리스본 여행 일정을 짜줘.
[모델 응답 결과]
리스본 여행을 계획하는 것은 흥미진진한 일입니다! 리스본은 역사, 문화, 음식, 멋진

### 1일차: 리스본 탐험
- **아침: 벨렘 지역**
  - **벨렘탑(Torre de Belém):** 리스본의 상징적인 랜드마크. 먼지 강변 전망을 즐

== 사용자 질문 ==
1 더하기 2는 뭐지?
[모델 응답 결과]
1 더하기 2는 3입니다.

== 사용자 질문 ==
파이썬으로 API 웹 서버를 만들어줘.
[모델 응답 결과]
아래 예시는 "FastAPI + Uvicorn" 조합으로 간단한 RESTful API 서버를 구현한 것입니다.
(1) 설치 → (2) 코드 → (3) 실행/테스트 순으로 따라 하시면 바로 동작합니다.

───────────
1. 프로젝트 기본 세팅
───────────
# ① 새 디렉터리 만들기
$ mkdir fastapi-demo && cd fastapi-demo
```

3.3 에이전트 UI 완성하기

라우팅 에이전트에 사용자 친화적인 웹 UI를 추가해 프로그램을 완성해 봅시다.

3.3.1 UI 미리 보기

라우팅 에이전트의 실행 화면은 다음과 같이 두 부분으로 나뉩니다.

그림 3-13 라우팅 에이전트의 웹 실행 화면

❶ **질문 입력:** 사용자가 질문을 입력합니다.

❷ **결과 표시:** 에이전트의 실행 결과를 보여줍니다. 질문에 따라 어떤 유형의 에이전트를 호출했는지 표시하고, 그 아래에 에이전트의 응답을 출력합니다. 특히 코딩 에이전트는 2개의 탭(전체 응답, 최종 코드)으로 나눠 응답을 출력하는데, [최종 코드] 탭에서 사용자의 질문에 대한 결과 코드를 확인할 수 있습니다.

그림 3-14 코딩 에이전트의 응답 화면

3.3.2 UI 완성하기

ch03_routing_ui.py 파일을 생성하고 다음 코드를 입력한 후 저장합니다.

ch03_routing_ui.py
```python
import streamlit as st
import re
from utils import llm_call

def llm_router_call(user_prompt: str) -> str:
    router_prompt = f"""
사용자 질문: {user_prompt}

위 질문에 대해 가장 적절한 유형을 하나 골라:
- 일상: 일반적인 대화, 일정 짜기, 정보 요청 등
- 빠른: 계산, 단답형 질문, 간단한 명령 등
- 코딩: 파이썬, 코드 작성, 오류 디버깅 등

단답형으로 유형만 출력해.
"""
    routing_result = llm_call(router_prompt, model="gpt-4o-mini").strip()
    return routing_result
```

```python
# ❶ 경로별 함수 선언
# 일상 에이전트
def run_general_agent(user_prompt: str):
    prompt = f"""
너는 다재다능한 일상 도우미야.
여행 일정, 추천, 요약 등 일상적인 질문에 친절하고 유용하게 답변하지.

[사용자 질문]
{user_prompt}
"""
    response = llm_call(prompt, model="gpt-4o")
    st.write("### 📖 일상 에이전트 응답")
    st.write(response)

# 빠른 에이전트
def run_quick_agent(user_prompt: str):
    prompt = f"""
너는 빠르고 간단한 응답을 제공하는 빠른 에이전트야.
사용자의 질문에 두괄식으로 간결하게 답변하지.

[사용자 질문]
{user_prompt}
"""
    response = llm_call(prompt, model="gpt-4o-mini")
    st.markdown("### ⚡ 빠른 에이전트 응답")
    st.success(response)

# 코딩 에이전트
def run_coding_agent(user_prompt: str):
    prompt = f"""
너는 뛰어난 코딩 비서야.
파이썬, 자바스크립트, API 개발, 오류 디버깅 등에 능숙해.
질문에 대해 최대한 정확하고 실행 가능한 코드를 제공해.
답변할 때 항상 완결성 있는 코드를 출력하면서 마무리하지.

[사용자 질문]
{user_prompt}
"""
    response = llm_call(prompt, model="o3")

    # ❷ 마지막 코드 블록 추출
    code_blocks = re.findall(r"```(?:\w+)?\n(.*?)```", response, re.DOTALL)
    last_code = code_blocks[-1].strip() if code_blocks else None
```

```python
        st.markdown("### 📋 코딩 에이전트 응답")
        tab1, tab2 = st.tabs(["👐 전체 응답", "🖥 최종 코드"])
        with tab1:
            st.write(response)
        with tab2:
            if last_code:
                st.code(last_code, language="python")
            else:
                st.info("코드 블록이 감지되지 않았습니다.")

if __name__ == "__main__":
    st.set_page_config(page_title="라우팅 에이전트", layout="centered")
    st.title("🎯 라우팅 에이전트")
    st.markdown("사용자의 질문에 따라 적절한 에이전트를 선택하고, 최적화된 형식으로 응답합니다.")

    # 사용자의 질문 입력
    user_input = st.text_input("💬 사용자 질문")

    # ❸ 에이전트 실행 로직
    if st.button("에이전트 실행") and user_input.strip():
        with st.spinner("에이전트 분석 중..."):
            category = llm_router_call(user_input)
            st.markdown(f"🔍 **분류 결과**: `{category}`")

            # 라우팅 맵 정의
            ROUTING_MAP = {
                "일상": run_general_agent,
                "빠른": run_quick_agent,
                "코딩": run_coding_agent
            }

            final_llm_call = ROUTING_MAP.get(category, run_general_agent)
            final_llm_call(user_input)
```

❶ 경로별 함수 선언

- 앞에서 구현한 경로별 함수[run_general_agent(), run_quick_agent(), run_coding_agent()]를 그대로 사용하되, LLM 호출 결과를 받아 화면에 표시합니다.

- 결과를 화면에 출력할 때는 함수마다 응답 데이터의 특징을 반영해 각기 다른 출력 구문을 사용합니다.

- 일상 에이전트는 범용으로 많이 사용하는 `st.write()`를, 빠른 에이전트는 알림 및 피드백 메시지를 출력하는 `st.success()`를 사용합니다.
- 코딩 에이전트는 전체 응답과 최종 코드를 2개의 탭(tab1, tab2)에 나눠 출력합니다.

❷ 마지막 코드 블록 추출

- 정규 표현식으로 문자열 패턴과 일치하는 부분을 찾는 `re.findall()` 함수를 사용해 response 문자열 안의 코드 블록(r"```(?:\w+)?\n(.*?)```")을 모두 찾아냅니다.
- `code_blocks[-1]`은 여러 코드 블록 중 마지막 코드 블록만 가져오며, `strip()`는 앞뒤 공백을 제거하라는 의미입니다. 코드 블록이 하나도 없으면 `None`을 반환합니다.

❸ 에이전트 실행 로직

- [에이전트 실행] 버튼을 클릭했을 때 수행되는 로직을 작성합니다.
- `llm_router_call()` 함수를 호출해 사용자의 질문에 대응하는 유형(일상, 빠른, 코딩)을 반환받고, 라우팅 맵을 이용해 질문의 유형에 해당하는 함수를 찾아 `final_llm_call`에 저장합니다.
- 이후 `final_llm_call(user_input)` 명령으로 해당 유형에 연결된 함수를 호출해 최종 응답을 출력합니다.

streamlit run ch03_routing_ui.py 명령으로 프로그램을 실행한 후 다음 질문을 순서대로 입력하고 결과를 확인해 보세요.

- 리스본 여행 일정을 짜줘.
- 1 더하기 2는 뭐지?
- 파이썬으로 API 웹 서버를 만들어줘.

질문의 유형에 따라 각기 다른 에이전트가 호출돼 응답할 것입니다.

그림 3-15 실행 결과

🙂 라우팅 에이전트

사용자의 질문에 따라 적절한 에이전트를 선택하고, 최적화된 형식으로 응답합니다.

👤 **사용자 질문**

파이썬으로 API 웹 서버를 만들어줘.

[에이전트 실행]

🔍 **분류 결과**: 코딩

📘 코딩 에이전트 응답

📄 전체 응답   ■ 최종 코드

다음 코드는 FastAPI 기반의 간단한 RESTful API 웹 서버 예시입니다.
(실행 전 `pip install fastapi uvicorn` 필요)

```
# main.py
"""
Sample REST API Server
----------------------
```

1. 라우팅의 개념

① 라우팅은 문제를 해결하는 여러 경로 중 가장 적합한 경로를 선택해 최종 답변을 도출하는 방식입니다. 질문의 주제나 복잡도에 따라 LLM, 시스템 프롬프트 등을 다르게 설정한 여러 경로 중 하나를 선택해 응답합니다.

② 라우팅을 이용하면 응답 품질이 뛰어나고, 에이전트의 유지·보수 및 확장이 용이하며, 속도와 비용 면에서 효율적입니다.

2. LLM 라우팅 함수

사용자의 질문을 분석해 미리 정의된 기준에 따라 질문의 유형을 반환하는 함수입니다. 이 장의 실습에서는 '일상', '빠른', '코딩'으로 분류했는데, 필요에 따라 유형을 변경하거나 추가할 수 있습니다.

```python
# LLM 라우팅 함수
def llm_router_call(user_prompt: str) -> str:
    router_prompt = f"""
사용자 질문: {user_prompt}

위 질문에 대해 가장 적절한 유형을 하나 골라.
- 일상: 일반적인 대화, 일정 짜기, 정보 요청 등
- 빠른: 계산, 단답형 질문, 간단한 명령 등
- 코딩: 파이썬, 코드 작성, 오류 디버깅 등

단답형으로 유형만 출력해."""

    routing_result = llm_call(router_prompt).strip()
    return routing_result
```

▶ 정답 222쪽

1 라우팅에서 라우터는 어떤 역할을 하는가?

2 규칙 기반 라우팅은 어떤 방식으로 입력을 분류하는가?

3 다음 중 라우팅의 장점이 아닌 것은?

① 비용 절감 ② 효율적인 자원 활용
③ 환각 현상 제거 ④ 상황별 최적 모델 선택

4 라우팅의 활용 예로 가장 적절한 것은?

① 긴 작업을 나눠 여러 워커에게 분배한다.
② 여러 모델의 답변을 동시에 출력해 비교한다.
③ 동일한 프롬프트를 여러 번 실행해 품질을 평가한다.
④ 고객의 문의 중 FAQ는 경량 모델에 전달하고, 복잡한 기술 지원은 추론 모델에 전달한다.

◐ 계속

5 다음 코드에 대한 설명이 옳으면 ○, 틀리면 ×로 표시하세요.

```
def llm_router_call(user_prompt: str) -> str:
    router_prompt = f"""
사용자 질문: {user_prompt}
위 질문에 대해 가장 적절한 유형을 하나 골라.
- 일상: 일반적인 대화, 일정 짜기, 정보 요청 등
- 빠른: 계산, 단답형 질문, 간단한 명령 등
- 코딩: 파이썬, 코드 작성, 오류 디버깅 등
단답형으로 유형만 출력해."""
    routing_result = llm_call(router_prompt).strip()
    return routing_result
```

① 이 함수는 규칙 기반 라우팅의 예시이다. (   )

② 이 함수가 반환하는 값은 '일상', '빠른', '코딩' 중 하나의 문자열이다. (   )

③ 이 함수가 반환하는 값은 이후 해당 유형에 맞는 경로를 선택하는 데 사용된다. (   )

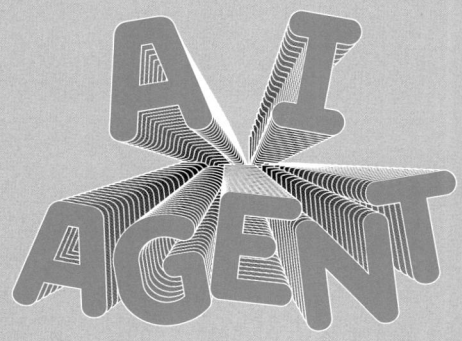

4장
병렬 처리

이 장에서는 하나의 문제에 대해 여러 방향으로 처리한 후 각각의 결과를 종합해 최종 답변을 내놓는 병렬 처리 에이전트를 만듭니다. 이 에이전트는 여러 LLM을 동시에 호출하고 그 결과를 통합하는 방식으로 작동합니다.

4.1 병렬 처리 개요

4.1.1 병렬 처리의 개념

이 책을 집필하는 시점(2025년 11월)에 가장 널리 사용되는 AI 서비스는 오픈AI의 챗GPT, 구글의 제미나이, 앤트로픽의 클로드입니다. 필자는 세 가지 서비스를 동시에 사용하는 것을 선호합니다. 예를 들어 병렬 처리를 가장 잘 보여주는 실생활 사례가 궁금하다면 다음과 같이 챗GPT, 제미나이, 클로드에 똑같은 질문을 하고 답변을 받아 비교해 봅니다. 그리고 그중에서 가장 인상 깊거나 실용적인 부분을 골라 이용합니다.

그림 4-1 챗GPT, 제미나이, 클로드에 같은 질문을 한 결과

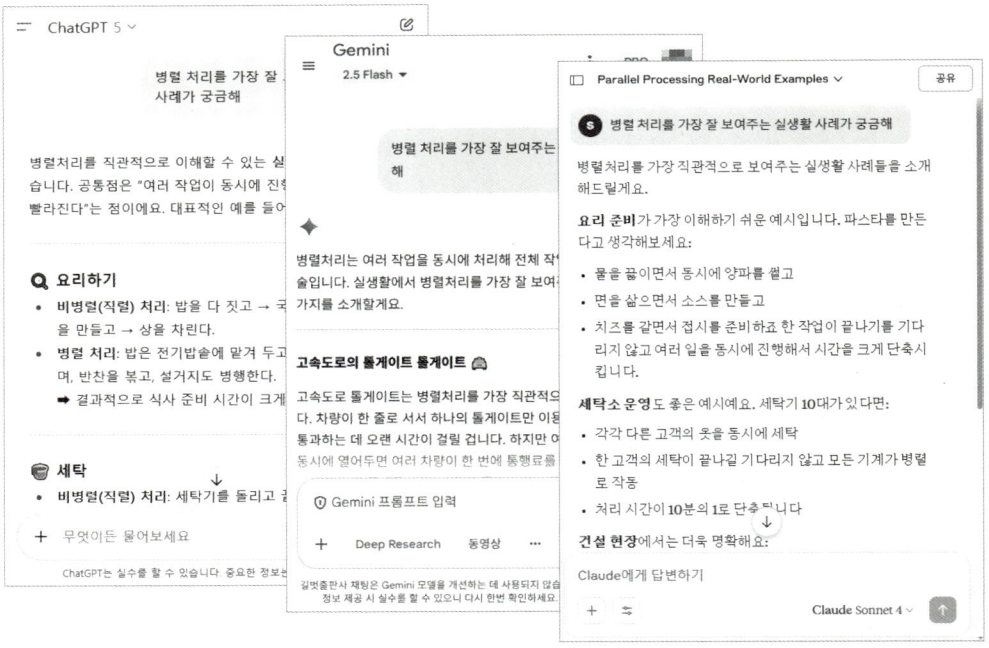

이렇게 세 가지 서비스에 동시에 질문을 하고 답변을 받으면 한 서비스만 사용하는 것보다 훨씬 더 나은 결론에 도달할 수 있습니다. 어떤 경우에는 챗GPT가 명쾌하게 설명을 하고, 또 어떤 경우에

는 제미나이나 클로드가 눈이 번쩍 뜨일 만한 답을 줄 때도 있습니다. 물론 AI의 답변을 종합적으로 살펴보고 판단해 결론을 내리는 것은 사람의 몫입니다.

조별 과제를 할 때도 마찬가지입니다. 한 사람은 자료 조사를 하고, 또 한 사람은 인터뷰를 하고, 나머지 사람은 발표 자료를 정리하는 일을 맡아 각자의 역할을 충실히 하면 좀 더 빠르고 효율적으로 작업을 완료할 수 있습니다.

이러한 원리를 AI 에이전트 개발 시 기술적으로 구현한 것이 바로 **병렬 처리**입니다. 이는 하나의 문제를 처리할 때 여러 경로의 LLM을 동시에 호출하고, 애그리게이터가 각각의 결과를 종합해 결론을 도출하는 방식입니다.

그림 4-2 병렬 처리의 개념

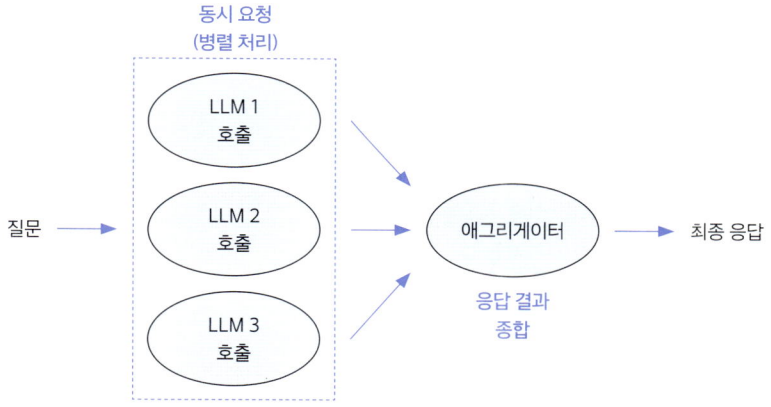

> **NOTE** 에이전트의 워크플로 패턴과 인간의 의사결정 방식
>
> 이 책에서 소개하는 워크플로 패턴은 사실 기술적인 알고리즘이라기보다 우리가 일상에서 사용하는 의사결정 방식과 많이 닮았습니다. 복잡한 문제를 단계별로 나눠 처리하는 방식은 프롬프트 체이닝과 비슷하고, 전문가에게 일을 위임해 해결하는 방식은 라우팅과 비슷합니다. 또한 하나의 문제에 대해 동시에 여러 가능성을 고려하거나 역할을 나눠 해결하는 방식은 병렬 처리와 비슷합니다.
>
> 따라서 에이전트를 설계할 때도 인간이 문제를 어떻게 바라보고 어떤 흐름으로 해결하는지 생각해보면 큰 도움이 됩니다. 인간의 의사결정 방식을 잘 이해할수록 더 자연스럽고 효과적인 에이전트를 만들 수 있습니다.

4.1.2 병렬 처리의 장점

병렬 처리는 에이전트가 속도, 품질, 안정성, 유연성 면에서 우수한 성능을 발휘하는 데 유용한 방식입니다.

처리 속도 향상

병렬 처리는 여러 작업을 동시에 수행하기 때문에 전체 처리 시간이 크게 단축됩니다. 예를 들어 긴 문서를 여러 섹션으로 나눠 각각 요약한 후 종합하거나, 다양한 LLM을 동시에 호출해 답변을 생성하면 하나의 모델이 순차적으로 작업할 때보다 더 빨리 결과를 얻을 수 있습니다. 특히 대규모 데이터 처리나 복잡한 분석 작업에서 병렬 처리의 효과가 극대화됩니다.

응답 품질 및 안정성 개선

하나의 문제를 여러 관점으로 해결하면 일부 결과에 오류나 편향이 있더라도 이를 다른 응답이 보완하거나 교정할 수 있습니다. 따라서 한 가지 답변만 받을 때보다 여러 답변을 모아 종합할 때 더 정확하고 신뢰성 있는 결과를 얻을 가능성이 높습니다. 또한 병렬 처리는 하나의 작업이 실패하더라도 나머지 작업을 활용하면 되기 때문에 전체 시스템을 중단하지 않고 결과를 도출할 수 있습니다. 즉 에이전트의 연속성과 안정성이 확보됩니다.

확장성과 유연성 향상

병렬 처리는 동시에 처리할 작업 단위를 쉽게 추가하거나 제거할 수 있어 에이전트의 처리량과 운영 환경을 유연하게 조정할 수 있습니다. 예를 들어 간단한 질문은 2~3개의 작업만 병렬로 처리해도 충분하지만, 복잡한 질문은 5~6개의 작업을 병렬로 처리해야 더 풍부하고 신뢰도 높은 결과를 얻을 수 있습니다. 이렇게 병렬로 처리하는 작업의 수를 유연하게 조절할 수 있다는 장점 덕분에 에이전트의 효율성이 크게 향상됩니다.

4.1.3 주요 활용 사례

병렬 처리는 창의적인 아이디어 도출, 다중 기준 평가, 긴 문서 요약·분석 등에 활용됩니다.

창의적인 아이디어 도출

정답이 없는 창의적인 작업을 할 때는 다양한 방향으로 시도해보고 가장 좋은 안을 선택하는 것이 유용합니다. 예를 들어 슬로건, 블로그 제목, 마케팅 문구 등을 작성할 때 여러 LLM에 동일한 질문을 던져서 다양한 문구를 얻은 다음, 그중에서 가장 마음에 드는 문구를 고르거나 여러 문구를 조합해 결과를 도출합니다. 이렇게 다양한 시도를 병렬로 처리해 얻은 응답을 비교하고 조합하는 방식은 단일 응답을 받는 방식보다 더 우수한 품질의 결과로 이어집니다.

그림 4-3 아이디어 도출의 예

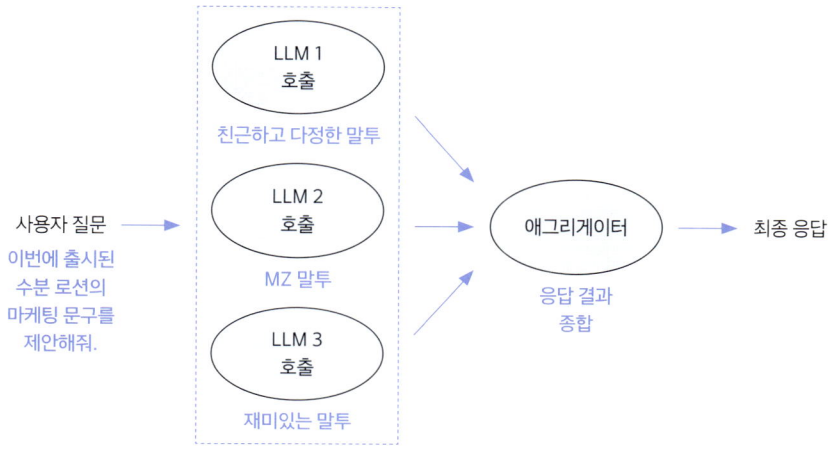

다중 기준 평가

병렬 처리는 하나의 산출물을 다양한 관점에서 동시에 검토해야 하는 경우에 유용합니다. 예를 들어 기획안이나 보고서 초안을 작성해 유관 부서, 상사, 임원 등 여러 관계자에게 검토받는 경우를 생각해 봅시다. 이때 각 관계자의 피드백을 동시에 받을 수 있도록 작업을 분리해 병렬로 처리하면 전체 검토 시간을 단축하는 동시에 다양한 요구 사항을 놓치지 않고 반영할 수 있습니다.

그림 4-4 다중 기준 평가의 예

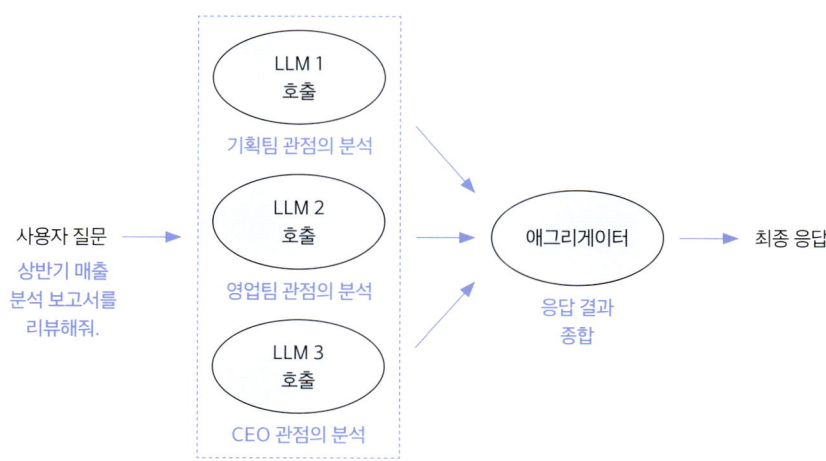

또 다른 예로, 어떤 코드를 보안 취약성, 성능, 주석 등의 다양한 기준으로 검토받아야 한다고 가정합시다. 이때 각 기준에 따른 검토를 독립된 작업으로 분류하고 병렬로 처리하면 전체적인 피드백을 신속하게 받아볼 수 있습니다.

긴 문서 요약·분석

수천 단어 이상으로 이뤄진 긴 문서를 요약·분석할 때는 전체 문서를 여러 섹션으로 나누고, 각 섹션을 별도의 작업 단위로 처리하면 효율적입니다. 섹션별로 요약·분석한 다음 그 결과를 통합함으로써 전체 문서에 대한 균형 잡힌 결과를 빠르게 얻을 수 있습니다.

그림 4-5 긴 문서 요약·분석의 예

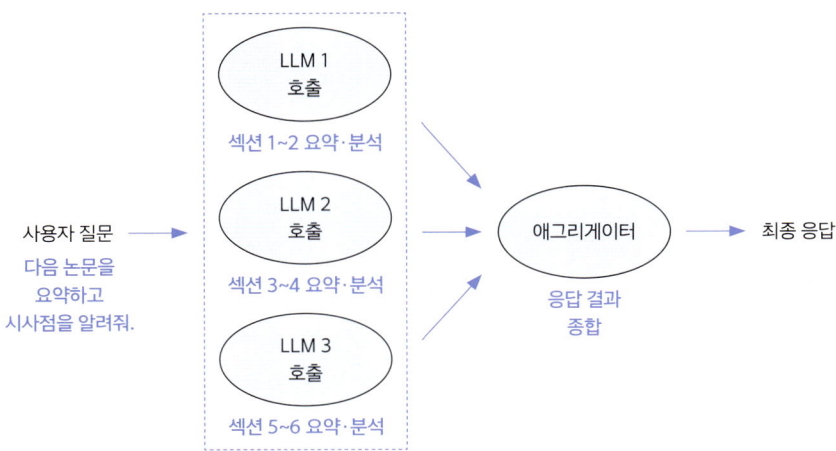

다음 절에서는 병렬 처리를 파이썬 코드로 구현하는 방법을 알아봅시다.

4.2 병렬 처리 에이전트 만들기

4.2.1 에이전트 미리 보기

영어 문장의 번역을 여러 LLM에 동시에 요청하고, 각각의 응답을 종합해 최종 번역문을 완성하는 병렬 처리 에이전트를 구현해 보겠습니다.

그림 4-6 병렬 처리 에이전트의 작동 과정

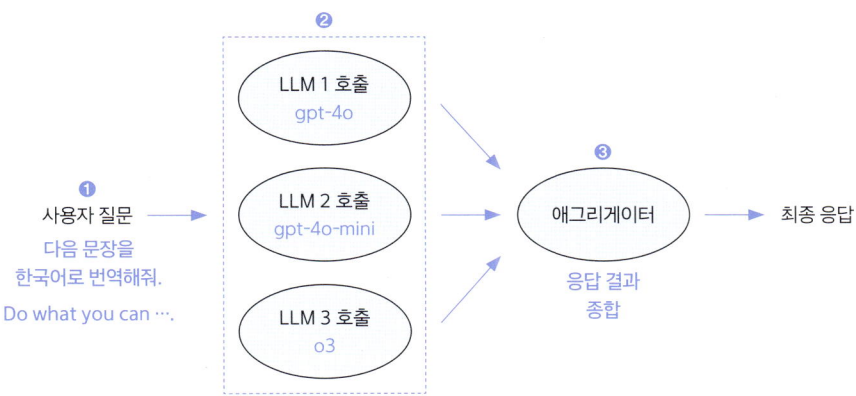

- ❶ **질문 입력:** 사용자가 영어 문장을 입력합니다. 여기서는 루스벨트의 명언(Do what you can, with what you have, where you are.)을 예문으로 활용합니다.
- ❷ **LLM 병렬 호출:** 세 가지 LLM(gpt-4o, gpt-4o-mini, o3)에 동시에 예문을 번역해 달라고 요청합니다.
- ❸ **최종 응답:** 세 모델의 응답을 종합해 가장 좋은 번역문을 만듭니다. 신뢰성과 정확성을 모두 갖춘 최적의 번역문을 얻을 수 있습니다.

프로그램을 실행하면 다음과 같이 세 모델의 응답이 출력되고, 이를 종합한 최종 응답이 마지막에 출력됩니다.

그림 4-7 병렬 처리 에이전트의 실행 결과

```
● (venv) PS C:\Users\gilbut\Desktop\ai_agent> python ch04_parallel.py
gpt-4o-mini 완료
"네가 할 수 있는 것을, 가진 것으로, 있는 곳에서 하라." - 테오도르 루즈벨트
gpt-4o 완료
"할 수 있는 일을 하세요, 가진 것으로, 있는 그곳에서." - 시어도어 루즈벨트
o3 완료
"당신이 있는 그 자리에서, 당신이 가진 것으로, 할 수 있는 일을 하세요." - 시어도어 루즈벨트
------------ 최종 프롬프트 ------------
 다음은 사용자의 질문에 대해 여러 LLM이 생성한 응답이야.
 너의 역할은 이 응답을 종합해 최종 번역문을 제공하는 거야.
 일부 응답이 부정확하거나 편향될 수 있으니 신뢰성 있고 정확한 답변을 해줘.
 최종 응답만 출력해.

사용자 질문:
아래 문장을 자연스러운 한국어로 번역해줘.
"Do what you can, with what you have, where you are." - Theodore Roosevelt

모델 응답:
1. 모델 응답: "네가 할 수 있는 것을, 가진 것으로, 있는 곳에서 하라." - 테오도르 루즈벨트

2. 모델 응답: "할 수 있는 일을 하세요, 가진 것으로, 있는 그곳에서." - 시어도어 루즈벨트

3. 모델 응답: "당신이 있는 그 자리에서, 당신이 가진 것으로, 할 수 있는 일을 하세요." - 시어도어 루즈벨트

gpt-4o 완료
------------ 최종 번역문 ------------
 "당신이 있는 그 자리에서, 당신이 가진 것으로, 할 수 있는 일을 하세요." - 시어도어 루즈벨트
```

세 모델의 답변

최종 응답

4.2.2 단계별 구현하기

병렬 처리 에이전트를 구현해 봅시다. 가상 환경이 활성화되지 않았다면 다음과 같이 활성화합니다.

```
Terminal
> venv\scripts\activate    ------ 윈도우
> source venv/bin/activate  --- 맥OS
```

비동기 함수의 개념

본격적으로 코드를 작성하기 전에 핵심 개념인 비동기 방식에 대해 알아봅시다. 프로그램을 만드는 데에는 다음과 같이 두 가지 방식이 있습니다.

- **동기**(synchronous) **방식:** 코드를 한 줄씩 순서대로 실행하는 방식으로, A 함수와 B 함수를 순서대로 호출하면 A가 실행된 후 B가 실행됩니다. 파이썬은 기본적으로 동기 방식으로 작동합니다.

- **비동기**(asynchronous) **방식:** 어떤 작업이 끝나기를 기다리지 않고 다른 작업을 실행할 수 있는

방식입니다. A 함수를 실행하는 데 오래 걸린다면 A의 결과를 기다리는 동안 B, C 등 다른 함수를 실행할 수 있습니다. 여러 작업을 병렬로 처리하려면 비동기 방식으로 코드를 작성해야 합니다.

그림 4-8 프로그래밍 방식

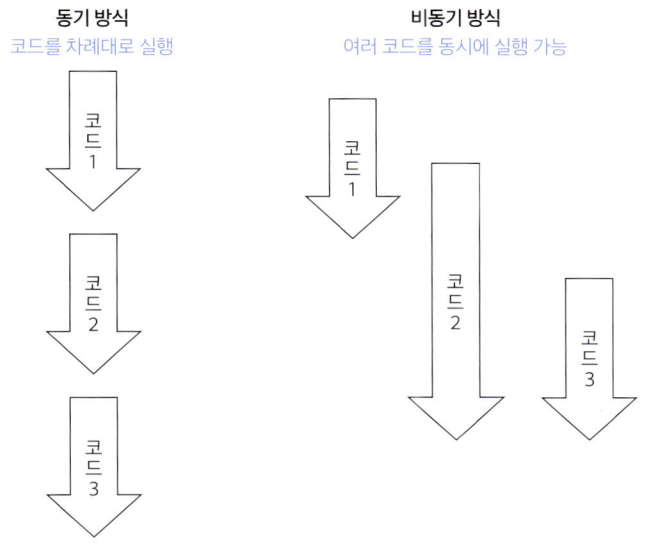

비동기 방식을 사용하면 시간이 오래 걸리는 작업을 효율적으로 처리할 수 있으며, 파이썬은 이를 위해 표준 패키지인 asyncio를 제공합니다.

다음은 asyncio 패키지를 임포트해 비동기 함수를 선언하고 실행하는 코드로, 1초가 걸리는 인사를 비동기 방식으로 두 번 수행합니다. 동기 방식으로 실행하면 두 번의 인사가 차례대로 실행되기 때문에 총 2초가 걸리지만, 비동기 방식에서는 두 번의 인사가 동시에 실행되기 때문에 1초 만에 마칠 수 있습니다.

ch04_async.py

```
import asyncio

# ❶ 비동기 함수 선언
async def say_hello(n):
    await asyncio.sleep(1)
    print(f"{n}번 인사")

# 메인 함수 선언
async def main():
```

```
    await asyncio.gather(  # ❷ 비동기 함수 실행
        say_hello(1),
        say_hello(2),
    )
    print("완료!")

# 메인 함수 실행
asyncio.run(main())
```

❶ 비동기 함수 선언

- `async def` 키워드를 붙여 비동기 함수를 선언합니다.
- 함수 안에서 `await` 키워드를 사용하면 그 시점에 다른 비동기 함수도 실행될 수 있습니다. 예를 들어 비동기 함수 `say_hello(1)`과 `say_hello(2)`가 함께 실행되면 각각 1초 대기 후 거의 동시에 결과가 출력됩니다.

❷ 비동기 함수 실행

- `main()` 함수의 `asyncio.gather()`는 여러 비동기 함수를 동시에 실행하고, 모든 작업이 끝날 때까지 기다렸다가 결과를 한 번에 반환합니다. 반환 순서는 호출한 순서대로입니다. 두 작업은 동시에 1번 인사, 2번 인사를 출력하고 마지막에 완료!를 출력합니다.

그림 4-9 실행 결과

```
● (venv) PS C:\Users\gilbut\Desktop\ai_agent> python ch04_async.py
1번 인사
2번 인사
완료!
```

> **NOTE** 여러 비동기 함수를 동시에 실행하는 방법
>
> 여러 비동기 함수를 동시에 실행하고 싶을 때는 `asyncio.gather(tasks)` 또는 `asyncio.as_completed(tasks)` 구문을 사용합니다.
>
> - **`asyncio.gather(tasks)`:** 여러 비동기 작업을 동시에 실행하고, 모든 작업이 끝날 때까지 기다렸다가 결과를 한 번에 반환합니다. 반환 순서는 호출한 순서와 같습니다.
> - **`asyncio.as_completed(tasks)`:** 여러 비동기 작업을 동시에 실행하고, 작업이 끝나는 순서대로 결과를 반환합니다.

비동기 LLM 호출 함수 만들기

비동기 함수의 기본 코드를 살펴봤으니 오픈AI에서 제공하는 비동기용 클라이언트 클래스인 AsyncOpenAI를 임포트하고 이를 사용해 비동기 방식으로 LLM을 호출하는 함수를 추가해 보겠습니다.

utils.py 파일에 다음 코드를 추가합니다.

utils.py
```python
from openai import AsyncOpenAI, OpenAI

# API Key 입력
OPENAI_API_KEY = "API_Key_입력"

# 클라이언트 생성
sync_client = OpenAI(
    api_key = OPENAI_API_KEY,
)

# LLM 호출 함수 선언
def llm_call(prompt: str,  model: str = "gpt-4o-mini") -> str:
    messages = []
    messages.append({"role": "user", "content": prompt})
    chat_completion = sync_client.chat.completions.create(
        model = model,
        messages = messages,
    )
    return chat_completion.choices[0].message.content

# ❶ 비동기 클라이언트 생성
async_client = AsyncOpenAI(
    api_key = OPENAI_API_KEY,
)

# ❷ 비동기 LLM 호출 함수 선언
async def llm_call_async(prompt: str,  model: str = "gpt-4o-mini") -> str:
    messages = []
    messages.append({"role": "user", "content": prompt})
    chat_completion = await async_client.chat.completions.create(
        model=model,
        messages=messages,
    )
    print(model,"완료")
```

```
        return chat_completion.choices[0].message.content

if __name__ == "__main__":
    test = llm_call("한국의 수도는?")
    print(test)
```

❶ 비동기 클라이언트 생성

- 기존의 클라이언트 생성과 동일한 방식으로 비동기 클라이언트를 생성하고 async_client 변수에 저장합니다.

❷ 비동기 LLM 호출 함수 선언

- 비동기 함수인 llm_call_async()를 만듭니다.
- llm_call_async() 함수는 기존 llm_call() 함수의 로직은 유지하되, 클라이언트를 비동기 클라이언트(async_client)로 바꾸고 LLM 호출문 앞에 await 키워드를 추가해 비동기 방식으로 LLM의 응답을 처리합니다.

동시에 여러 LLM 호출하기

이제 병렬 처리 에이전트를 만들고 하나의 요청에 대해 여러 LLM을 동시에 호출하는 기능을 구현하겠습니다.

ch04_parallel.py 파일을 생성하고 다음 코드를 입력한 후 저장합니다.

ch04_parallel.py
```
import asyncio
from utils import llm_call_async

# ❶ 병렬 처리할 질문과 LLM 리스트 정의
question = ("아래 문장을 자연스러운 한국어로 번역해줘.\n"
            "\"Do what you can, with what you have, where you are.\" — Theodore
            Roosevelt")

parallel_prompt_details = [
    {"user_prompt": question, "model": "gpt-4o"},
    {"user_prompt": question, "model": "gpt-4o-mini"},
    {"user_prompt": question, "model": "o3"},
]

# ❷ 병렬 처리 함수 선언
```

```python
async def run_llm_parallel(prompt_details):

    # 비동기 LLM 호출 작업 목록 생성
    tasks = [
        llm_call_async(prompt['user_prompt'], prompt['model'])
        for prompt in prompt_details
    ]
    responses = []

    # 작업 목록 동시 실행 및 결과 수집
    for task in asyncio.as_completed(tasks):
        result = await task
        print(result)
        responses.append(result)

    return responses

# ❸ 메인 함수 선언 및 병렬 처리 함수 실행
async def main():
    responses = await run_llm_parallel(parallel_prompt_details)

if __name__ == "__main__":
    asyncio.run(main())
```

❶ 병렬 처리할 질문과 LLM 리스트 정의

- 번역할 예문을 question 변수에 저장합니다.

- 딕셔너리 리스트(parallel_prompt_details)를 선언하고, 각 딕셔너리에 예문과 이를 처리할 LLM을 입력합니다. 여기서는 하나의 예문을 세 모델로 번역하므로 3개의 딕셔너리를 만듭니다.

❷ 병렬 처리 함수 선언

- 앞에서 정의한 딕셔너리 리스트(parallel_prompt_details)를 입력값으로 받아 비동기 방식으로 실행한 후 결과 리스트를 반환하는 run_llm_parallel() 함수를 선언합니다.

- tasks = [함수 호출(…) for x in 리스트]는 리스트에 들어 있는 요소를 하나씩 꺼내 함수에 전달하여 호출할 준비가 된 작업을 만들고, 그 작업들을 새로운 리스트로 모으라는 의미입니다. 이에 따라 예문과 LLM 조합별로 각각 llm_call_async() 함수(비동기 LLM 호출 함

수)를 호출하는 작업을 생성하고, 이 작업들을 tasks 리스트에 저장합니다.

- `for task in asyncio.as_completed(tasks):`는 여러 비동기 작업(tasks)을 동시에 실행하고, 완료되는 순서대로 하나씩 꺼내 처리하라는 의미입니다. 결과는 터미널에 출력한 후 responses 리스트에 하나씩 추가하며, LLM 응답 속도가 빠른 순으로 responses 리스트에 번역문이 저장됩니다.

❸ **메인 함수 선언 및 병렬 처리 함수 실행**

- `main()`을 비동기 함수로 선언하고, 그 안에서 `run_llm_parallel()` 함수를 `await`로 호출해 여러 요청을 동시에 처리한 후 결과를 받아옵니다. `await`는 비동기 작업이 완료될 때까지 기다렸다가 그 결과를 받아옵니다.

- 이후 `if __name__ == "__main__":` 구문을 통해 이 파일이 직접 실행될 때만 비동기 함수 `main()`을 실행합니다[`asyncio.run(main())`].

python ch04_parallel.py 명령으로 프로그램을 실행하면 다음과 같이 루스벨트의 명언이 gpt-4o-mini, gpt-4o, o3 모델로 번역돼 출력됩니다.

그림 4-10 실행 결과

```
(venv) PS C:\Users\gilbut\Desktop\ai_agent> python ch04_parallel.py
gpt-4o-mini 완료
"당신이 할 수 있는 것을, 가진 것으로, 있는 곳에서 하세요." - 시어도어 루스벨트
gpt-4o 완료
"할 수 있는 일을 하라, 가진 것을 사용하여, 지금 있는 그곳에서." - 시어도어 루즈벨트
o3 완료
"당신이 있는 바로 그 자리에서, 당신이 가진 것으로, 할 수 있는 일을 하라." - 시어도어 루스벨트
```

응답을 종합해 최종 응답 생성하기

끝으로 세 LLM의 응답을 종합해 최종 번역문을 출력하기 위해 다음 코드를 추가합니다.

ch04_parallel.py

```python
import asyncio
from utils import llm_call_async

# 병렬 처리 질문과 LLM 리스트 정의
question = ("아래 문장을 자연스러운 한국어로 번역해줘.\n"
            "\"Do what you can, with what you have, where you are.\" ― Theodore Roosevelt")

parallel_prompt_details = [
```

```python
        {"user_prompt": question, "model": "gpt-4o"},
        {"user_prompt": question, "model": "gpt-4o-mini"},
        {"user_prompt": question, "model": "o3"},
]

# 병렬 처리 함수 선언
async def run_llm_parallel(prompt_details):

    # 비동기 LLM 호출 작업 목록 생성
    tasks = [
        llm_call_async(prompt['user_prompt'], prompt['model'])
        for prompt in prompt_details
    ]
    responses = []

    # 작업 목록 동시 실행 및 결과 수집
    for task in asyncio.as_completed(tasks):
        result = await task
        print(result)
        responses.append(result)

    return responses

# 메인 함수 선언 및 병렬 처리 함수 실행
async def main():
    responses = await run_llm_parallel(parallel_prompt_details)

    # ❶ 최종 프롬프트 완성
    aggregator_prompt = (
        "다음은 사용자의 질문에 대해 여러 LLM이 생성한 응답이야.\n"
        "너의 역할은 이 응답을 종합해 최종 번역문을 제공하는 거야.\n"
        "일부 응답이 부정확하거나 편향될 수 있으니 신뢰성 있고 정확한 답변을 해줘.\n"
        "최종 응답만 출력해.\n\n"
        "사용자 질문:\n"
        f"{question}\n\n"
        "모델 응답:"
    )

    for i in range(len(parallel_prompt_details)):
        aggregator_prompt += f"\n{i+1}. 모델 응답: {responses[i]}\n"

    print("------------- 최종 프롬프트 -------------\n", aggregator_prompt)
```

```
# ❷ 최종 응답 생성
        final_response = await llm_call_async(aggregator_prompt, model="gpt-4o")
        print("------------ 최종 번역문 ------------\n", final_response)

if __name__ == "__main__":
    asyncio.run(main())
```

❶ **최종 프롬프트 완성**

- aggregator_prompt 변수를 선언하고, 사용자의 처음 질문(question)과 run_llm_parallel() 함수의 실행 결과로 받은 세 LLM의 응답을 포함한 최종 프롬프트를 완성합니다.
- 현재 어떤 작업을 하려는지 알려주기 위해 여러 LLM의 응답을 받았다는 사실과 이러한 응답을 종합해야 하는 상황을 설명합니다.
- for 문을 순회하면서 responses 리스트에 저장된 세 LLM의 응답을 하나씩 꺼내 aggregator_prompt의 마지막에 추가합니다.

❷ **최종 응답 생성**

- llm_call_async() 함수를 호출해 최종 프롬프트를 넘겨주고 최종 응답을 받아 출력합니다.

프로그램을 실행하면 다음과 같이 최종 프롬프트와 그에 따른 최종 번역문이 출력됩니다.

그림 4-11 실행 결과

```
● (venv) PS C:\Users\gilbut\Desktop\ai_agent> python ch04_parallel.py
gpt-4o-mini 완료
"네가 할 수 있는 것을, 가진 것으로, 있는 곳에서 하라." - 시어도어 루스벨트
gpt-4o 완료
"할 수 있는 일을 하세요, 가진 것으로, 있는 그곳에서." - 시어도어 루스벨트
o3 완료
"당신이 있는 그 자리에서, 당신이 가진 것으로, 할 수 있는 일을 하세요." - 시어도어 루스벨트
------------ 최종 프롬프트 ------------
 다음은 사용자의 질문에 대해 여러 LLM이 생성한 응답이야.
너의 역할은 이 응답을 종합해 최종 번역문을 제공하는 거야.
일부 응답이 부정확하거나 편향될 수 있으니 신뢰성 있고 정확한 답변을 해줘.
최종 응답만 출력해.

사용자 질문:
아래 문장을 자연스러운 한국어로 번역해줘.
"Do what you can, with what you have, where you are." - Theodore Roosevelt

모델 응답:
1. 모델 응답: "네가 할 수 있는 것을, 가진 것으로, 있는 곳에서 하라." - 테오도르 루즈벨트

2. 모델 응답: "할 수 있는 일을 하세요, 가진 것으로, 있는 그곳에서." - 시어도어 루스벨트

3. 모델 응답: "당신이 있는 그 자리에서, 당신이 가진 것으로, 할 수 있는 일을 하세요." - 시어도어 루스벨트

gpt-4o 완료
------------ 최종 번역문 ------------
 "당신이 있는 그 자리에서, 당신이 가진 것으로, 할 수 있는 일을 하세요." - 시어도어 루스벨트
```

> 😀 **NOTE** 비동기 함수는 병렬 처리에만 사용할까?
>
> 여러 작업을 동시에 처리하는 병렬 처리에만 비동기 함수를 사용한다고 생각하기 쉽습니다. 그러나 비동기 함수는 단일 작업을 할 때도 사용할 수 있습니다.
>
> 앞의 예제에서는 비동기 방식으로 여러 LLM을 동시에 호출하고 그 결과를 종합해 최종 응답을 도출했습니다. 이를 위해 run_llm_parallel() 함수에서 세 LLM을 동시에 실행해 각각의 번역 결과를 얻은 후, 이를 하나의 프롬프트에 모으고 다시 LLM을 호출해 최종 번역문을 만들었습니다.
>
> 이 과정에서 여러 LLM을 동시에 호출하기 위해 비동기 함수인 llm_call_async()를 실행했습니다. 그런데 마지막에 단일 작업인 최종 번역문 생성 시에도 llm_call_async()를 실행했습니다. 이처럼 단일 작업이라도 비동기 실행 환경(async def main) 안에 있다면 await llm_call_async() 형태로 호출해 동일한 방식으로 처리할 수 있습니다.

4.3 에이전트 UI 완성하기

병렬 처리 에이전트에 사용자 친화적인 웹 UI를 추가해 프로그램을 완성해 봅시다.

4.3.1 UI 미리 보기

병렬 처리 에이전트의 실행 화면은 다음과 같이 네 부분으로 나뉩니다. 사용자가 질문을 입력하고 사용할 모델을 선택한 다음, 중간 결과를 거쳐 최종 응답을 출력합니다.

그림 4-12 병렬 처리 에이전트의 웹 실행 화면

❶ **질문 입력:** 번역할 문장을 입력합니다. 기본으로 설정된 예문을 지우고 입력하면 됩니다.

❷ **LLM 선택:** 세 가지 LLM(gpt-4o, gpt-4o-mini, o3) 중 원하는 모델을 선택합니다.

❸ **중간 결과 표시:** 여러 LLM으로 번역한 결과를 보여줍니다. 중간 결과를 반영해 생성한 최종 프롬프트도 바로 아래에서 확인할 수 있습니다.

❹ **최종 응답 출력:** 여러 LLM의 응답을 종합해 최종 번역문을 출력합니다.

4.3.2 UI 완성하기

ch04_parallel_ui.py 파일을 생성하고 다음 코드를 입력한 후 저장합니다.

ch04_parallel_ui.py
```python
import streamlit as st
import asyncio
from utils import llm_call_async

# ❶ 병렬 처리 함수 개선
async def run_llm_parallel(prompt_details):

    tasks = [
        llm_call_async(prompt["user_prompt"], prompt["model"])
        for prompt in prompt_details
    ]
    responses = []

    for task in asyncio.as_completed(tasks):
        result = await task
        responses.append(result)

    # 익스펜더에 모든 응답 포함
    with st.expander("모델 응답 전체 보기"):
        for response in responses:
            st.markdown(f" 모델 응답: {response}")

    return responses

# ❷ 에이전트 실행 함수 선언
async def run_parallel_agent(question, selected_models):
    parallel_prompt_details = [
        {"user_prompt": question, "model": model} for model in selected_models
```

```python
            ]

        responses = await run_llm_parallel(parallel_prompt_details)

        aggregator_prompt = (
            "다음은 여러 LLM이 사용자의 질문에 대해 생성한 응답이야.\n"
            "너의 역할은 이 응답을 모두 종합해 최종 번역문을 제공하는 거야.\n"
            "일부 응답이 부정확하거나 편향될 수 있으니 신뢰성 있고 정확한 답변을 해줘.\n"
            "최종 응답만 출력해.\n"
            "사용자 질문:\n"
            f"{question}\n\n"
            "모델 응답:"
        )
        for i in range(len(parallel_prompt_details)):
            aggregator_prompt += f"\n{i+1}. 모델 응답: {responses[i]}\n"

        with st.expander("최종 프롬프트 보기", expanded=False):
            st.code(aggregator_prompt, language='markdown')

        final_response = await llm_call_async(aggregator_prompt, model="gpt-4o")
        st.subheader("최종 응답")
        st.markdown(final_response)

def main():
    st.title("병렬 처리 에이전트")
    # ❸ 질문 입력 및 모델 위젯 설정
    question = st.text_area(
        "✎ 사용자 질문",
        height = 100,
        value = """아래 문장을 자연스러운 한국어로 번역해줘.
"Do what you can, with what you have, where you are." — Theodore Roosevelt
""")
    model_options = ["gpt-4o", "gpt-4o-mini", "o3"]
    selected_models = st.multiselect(
        "🔍 사용할 모델을 선택하세요.",
        model_options,
        default = model_options[:3]
    )

    # ❹ 에이전트 실행 버튼
    if st.button("에이전트 실행"):
        if not question.strip():
            st.warning("❗ 질문을 입력하세요.")
```

```
            elif not selected_models:
                st.warning("! 한 가지 이상의 모델을 선택하세요.")
            else:
                asyncio.run(run_parallel_agent(question.strip(), selected_models))

if __name__ == "__main__":
    main()
```

❶ **병렬 처리 함수 개선**

- 앞에서 구현한 run_llm_parallel() 함수를 웹 UI 환경에 맞게 수정합니다.
- run_llm_parallel()은 원래 여러 LLM의 응답을 리스트로 반환하는 함수지만, 여기서는 모든 응답을 스트림릿의 익스펜더[st.expander(), 내용을 접었다가 펼칠 수 있는 영역]에 표시하는 기능을 추가해 사용자가 중간 결과를 확인할 수 있게 합니다.

❷ **에이전트 실행 함수 선언**

- 사용자가 질문을 입력하고 사용할 모델을 선택한 후 [에이전트 실행] 버튼을 클릭하면 실행되는 run_parallel_agent() 함수를 선언합니다.
- run_parallel_agent() 함수는 병렬로 호출된 응답을 모두 모아 최종 프롬프트(aggregator _prompt)를 만들며, 이를 활용해 다시 LLM을 호출하고 최종 응답을 받아 출력합니다.

❸ **질문 입력 및 모델 위젯 설정**

- 질문 입력창과 LLM 선택창을 만듭니다.
- LLM 선택창은 다중 선택이 가능하도록 st.multiselect()를 이용하고, 선택된 항목은 selected_models에 문자열 리스트로 저장합니다.

❹ **에이전트 실행 버튼**

- [에이전트 실행] 버튼을 만들고, 버튼을 클릭하면 run_parallel_agent() 함수가 실행되게 합니다.
- run_parallel_agent()는 비동기 함수이므로 asyncio.run()을 사용해 실행합니다.

streamlit run ch04_parallel_ui.py 명령으로 프로그램을 실행한 후 영어 문장을 번역해보면 최종 응답이 잘 출력됩니다.

그림 4-13 실행 결과

1. 병렬 처리의 개념

① 병렬 처리는 하나의 문제를 처리할 때 여러 경로의 LLM을 동시에 호출하고, 애그리게이터가 각각의 결과를 종합해 결론을 도출하는 방식입니다.

② 병렬 처리를 이용하면 에이전트의 처리 속도가 빠르고, 다양한 관점에서 더 좋은 품질의 응답을 얻을 수 있습니다. 또한 일부 결과가 부정확하더라도 다른 응답이 이를 보완하므로 전체 시스템의 안정성과 신뢰성이 보장됩니다. 그리고 작업 단위를 쉽게 추가하거나 제거할 수 있어 에이전트 구조의 확장성과 유연성이 향상됩니다.

2. 비동기 LLM 호출 함수

비동기 방식으로 LLM을 호출하는 함수는 먼저 실행된 LLM 호출 작업이 끝나기를 기다리지 않고 다른 LLM을 호출할 수 있습니다.

```python
# 비동기 LLM 호출 함수
async def llm_call_async(prompt: str,  model: str = "gpt-4o-mini") -> str:
    messages = []
    messages.append({"role": "user", "content": prompt})
    chat_completion = await async_client.chat.completions.create(
        model = model,
        messages = messages,
    )
    print(model,"완료")

    return chat_completion.choices[0].message.content
```

3. 병렬 처리 함수

여러 비동기 LLM 호출 함수를 동시에 실행하고 결과를 리스트로 반환하는 함수입니다. 여러 비동기 작업을 동시에 수행하고 작업이 완료되는 순서대로 결과를 받기 위해 asyncio.as_ completed() 문을 사용합니다.

```python
# 병렬 처리 함수
async def run_llm_parallel(prompt_details):

    # 비동기 LLM 호출 작업 목록 생성
    tasks = [
        llm_call_async(prompt['user_prompt'], prompt['model'])
        for prompt in prompt_details
    ]
    responses = []

    # 작업 목록 동시 실행 및 결과 수집
    for task in asyncio.as_completed(tasks):
        result = await task
        print(result)
        responses.append(result)

    return responses
```

정리하기 퀴즈

▶ 정답 222쪽

1. **병렬 처리의 핵심 목적은 무엇인가?**

2. **다음 설명이 옳으면 ○, 틀리면 ×로 표시하세요.**

   ① asyncio는 파이썬에서 비동기 처리를 지원하는 대표적인 패키지이다. (   )

   ② 병렬 처리에서 각 하위 작업이 독립적이지 않으면 데이터 충돌 문제가 발생할 수 있다. (   )

3. **asyncio.gather() 함수를 사용했을 때 결과가 반환되는 순서는 어떠한가?**

   ① 실행이 끝난 순서대로 반환

   ② 호출한 순서대로 반환

   ③ 무작위 순서로 반환

   ④ 알 수 없음

4. **다음 중 병렬 처리의 장점이 아닌 것은?**

   ① 전체 실행 시간 단축

   ② 자원 활용의 효율성 향상

   ③ 오류 발생의 가능성 감소

   ④ 대규모 작업 분할 가능

○ 계속

5 다음 코드에 대한 설명이 옳으면 ○, 틀리면 ×로 표시하세요.

```
async def run_llm_parallel(prompt_details):
    tasks = [
        llm_call_async(prompt['user_prompt'], prompt['model'])
        for prompt in prompt_details
    ]
    responses = []
    for task in asyncio.as_completed(tasks):
        result = await task
        print(result)
        responses.append(result)
    return responses
```

① 이 함수는 여러 하위 작업(LLM 호출)을 동시에 실행하고 결과를 수집하는 역할을 한다. (   )

② asyncio.as_completed(tasks)는 작업이 끝나는 순서대로 결과를 반환한다. (   )

③ 함수의 반환값 responses의 자료형은 딕셔너리이다. (   )

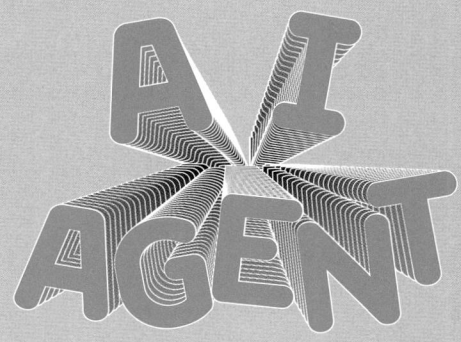

5장
오케스트레이터-워커

이 장에서는 복잡한 문제를 해결하기 위한 오케스트레이터-워커 에이전트를 만듭니다.

5.1 오케스트레이터-워커 개요

5.1.1 오케스트레이터-워커의 개념

뛰어난 성과를 내는 팀에는 훌륭한 리더가 있게 마련입니다. 리더는 주어진 업무를 효과적으로 처리하기 위해 여러 하위 작업으로 나누고, 각 하위 작업을 팀원 중 적임자에게 배분하며, 각각의 결과를 취합해 최종 결과물을 내놓습니다.

그림 5-1 팀의 분업 구조

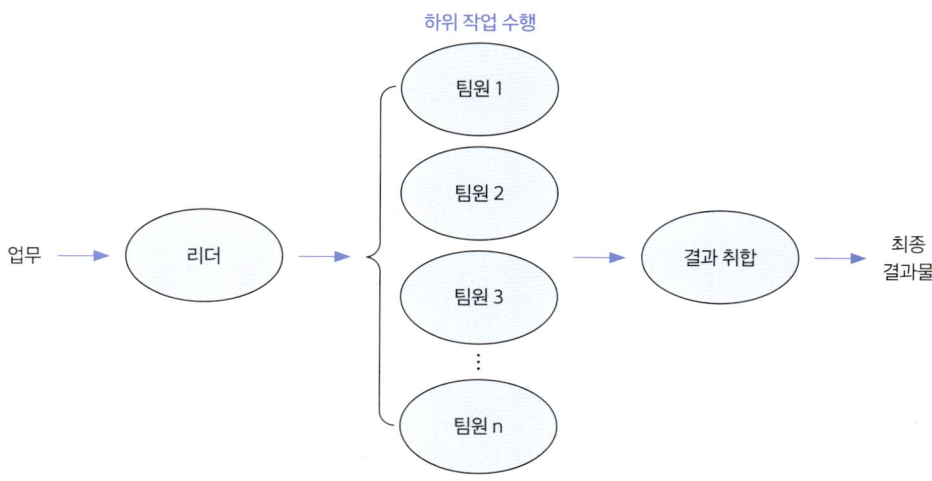

오케스트레이터-워커는 이러한 분업 구조를 에이전트 시스템에 옮긴 것입니다. 오케스트레이터-워커 에이전트에서는 오케스트레이터, 워커, 애그리게이터가 각각의 역할을 맡아 작업합니다.

오케스트레이터는 사용자의 질문을 분석해 여러 하위 작업으로 나누고, 이를 워커에 배분합니다.

워커는 오케스트레이터로부터 받은 작업을 수행합니다. 워커는 각기 다른 작업을 부여받으며, 모든 워커가 동시에 작업을 수행합니다.

그림 5-2 오케스트레이터-워커의 구조

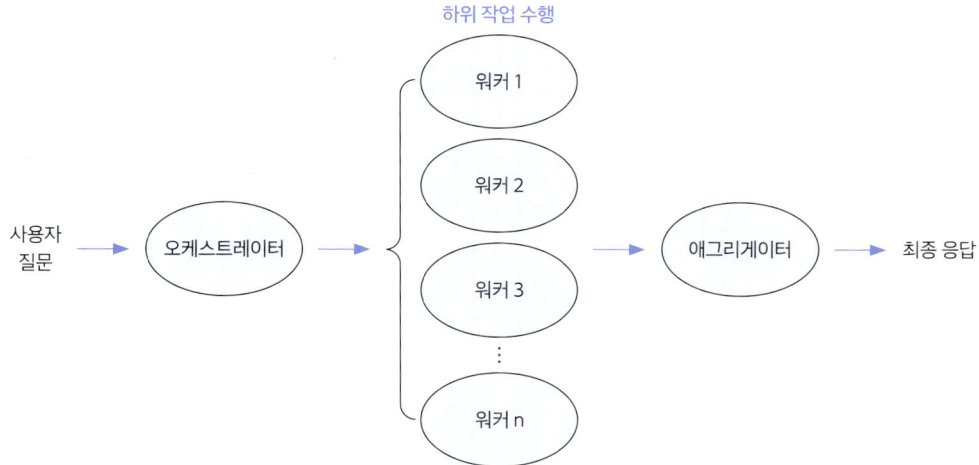

애그리게이터는 각 워커가 작업한 결과를 취합해 최종 응답을 도출합니다. 워커들의 작업 간에 중복이 있다면 최종 응답에 중복되는 내용이 없게 조절합니다.

오케스트레이터-워커는 여러 워커가 동시에 작업을 처리한다는 점이 병렬 처리와 비슷합니다. 하지만 병렬로 처리할 작업이 프로그램 내에 고정됐느냐 아니냐에 차이가 있습니다.

- **병렬 처리:** 병렬로 처리할 작업이 프로그램 내에 고정됩니다. 어떤 작업을 병렬로 처리할지, 작업이 몇 개인지 등이 모두 프로그램에 미리 정해져 있습니다. **4장**에서는 미리 설정한 세 가지 LLM(gpt-4o-mini, gpt-4o, o3)을 이용해 각각의 번역문을 얻고 이를 취합해 최종 번역문을 출력했습니다.

- **오케스트레이터-워커:** 병렬로 처리할 작업의 내용과 개수가 정해져 있지 않고 유동적으로 결정됩니다. 질문을 받은 오케스트레이터가 간단한 작업은 2개, 복잡한 작업은 5개 등으로 즉석에서 하위 작업의 내용과 개수를 정합니다. 오케스트레이터-워커는 **작업의 정의와 배분을 동적으로 수행**하는 구조입니다.

따라서 예측 가능하고 작업 단계가 명확한 경우에는 병렬 처리를 사용하고, 좀 더 유연한 대응이 필요한 경우에는 오케스트레이터-워커를 사용합니다.

5.1.2 오케스트레이터-워커의 장점

오케스트레이터-워커는 에이전트 시스템에 어떤 작업이 들어와도 유연하게 대응할 수 있고, 다양한 수준의 모델과 협업이 가능하며, 응답 품질이 향상되는 효과가 있습니다.

유연한 대응력

오케스트레이터-워커는 해야 할 일 자체를 AI가 실시간으로 나눠 각 작업을 자동으로 배분합니다. 처음 접하는 복잡한 문제라도 오케스트레이터가 즉석에서 상황에 맞게 하위 작업으로 나눕니다. 따라서 어떻게 작업을 나눠야 할지 알 수 없는 복합적인 문제에 유연하게 대응할 수 있습니다.

다양한 수준의 모델과 협업

오케스트레이터-워커는 지능, 속도, 비용이 다른 여러 LLM을 조합해 협업 가능한 시스템을 구성할 수 있습니다. 예를 들어 고도의 논리적 판단과 체계적인 하위 작업 설계를 수행하는 오케스트레이터에는 고성능 추론 모델을 사용하고, 세부 작업을 빠르게 처리하는 워커에는 상대적으로 저렴한 모델을 사용하는 것입니다. 성능이 각기 다른 LLM을 적재적소에 활용하면 전체 시스템의 실행 속도를 높이고 비용을 절약할 수 있습니다.

응답 품질 개선

오케스트레이터-워커는 기본적으로 전체 작업을 하위 작업으로 나눈 다음 워커에 작업을 맡기는 방식이기 때문에 각 작업에 특화된 워커를 통해 답변을 받을 수 있습니다. 예를 들어 여행 일정 에이전트의 경우 숙박, 교통, 음식, 예산 등의 하위 작업으로 나누고, 하위 작업마다 해당 분야에 특화된 워커를 배정합니다. 각 워커는 해당 분야에서 충분히 훈련된 상태이므로 전문적이고 깊이 있는 응답을 할 수 있습니다.

5.1.3 주요 활용 사례

오케스트레이터-워커는 맞춤형 기획, 전략 보고서 작성, 긴급 장애 대응 및 원인 분석 등 하위 작업별로 전문성을 요하고, 빠르고 정확한 해결책이 필요한 상황에 유용하게 활용됩니다.

맞춤형 기획

3박 4일간의 도쿄 여행 계획을 세운다고 합시다. 오케스트레이터가 여행 계획에 필요한 하위 작업을 숙소 탐색, 활동 추천, 교통편 확인, 맛집 조사로 나누고, 각 작업을 지역, 교통, 음식 등 분야별 전문 워커에 할당해 최종 계획을 완성할 수 있습니다.

그림 5-3 맞춤형 기획의 예

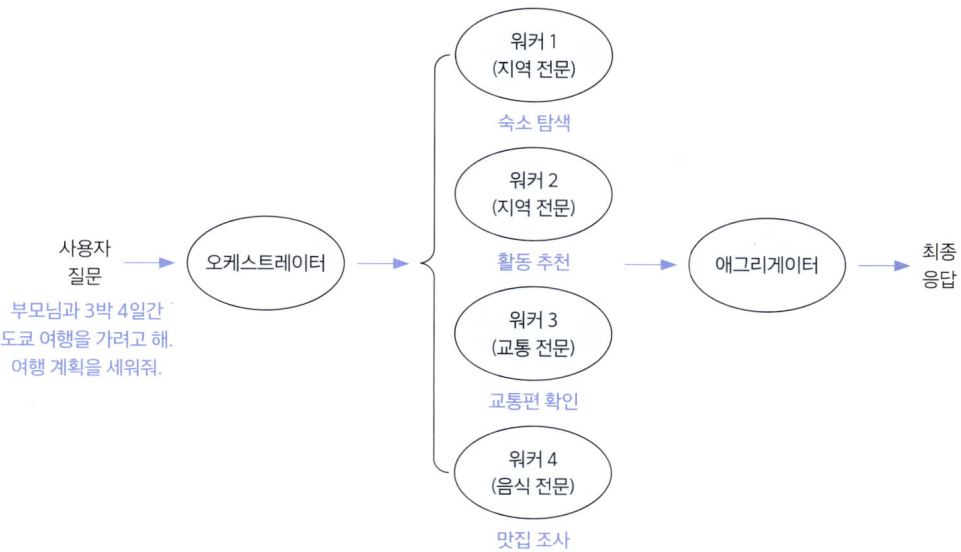

만약 여행 테마가 '맛집 투어'라면 맛집 조사 작업을 늘리고, '다양한 체험'이라면 활동 추천 작업을 늘리는 식으로 사용자의 요청에 따라 하위 작업을 조절하면 됩니다.

전략 보고서 작성

'2025년에 국내 IT 시장에 진출하려고 준비 중인 스타트업을 위한 전략 보고서를 작성해줘'라는 요청을 받았다면 오케스트레이터는 시장 규모 분석, 경쟁사 벤치마킹, 법 규제 조사, 진출 전략 수립, 리스크 평가 등의 세부 작업으로 나눕니다. 이러한 작업은 시장 조사, 법률, 전략 수립 등에 특화된 전문 워커에 각각 할당되며, 워커는 자신의 관점과 도구를 이용해 개별 보고서를 작성합니다. 또한 애그리게이터가 이를 취합해 최종 전략 보고서를 완성합니다.

이처럼 특정 주제에 대한 전략 보고서를 작성할 때 오케스트레이터-워커를 활용하면 복잡한 작업을 분야별로 나눠 병렬 처리할 수 있습니다. 또한 특정 하위 작업이 예상보다 복잡하면 해당 작업을 더 세분화해 추가 워커를 투입하는 식으로 유연하게 대응할 수 있습니다.

그림 5-4 전략 보고서 작성의 예

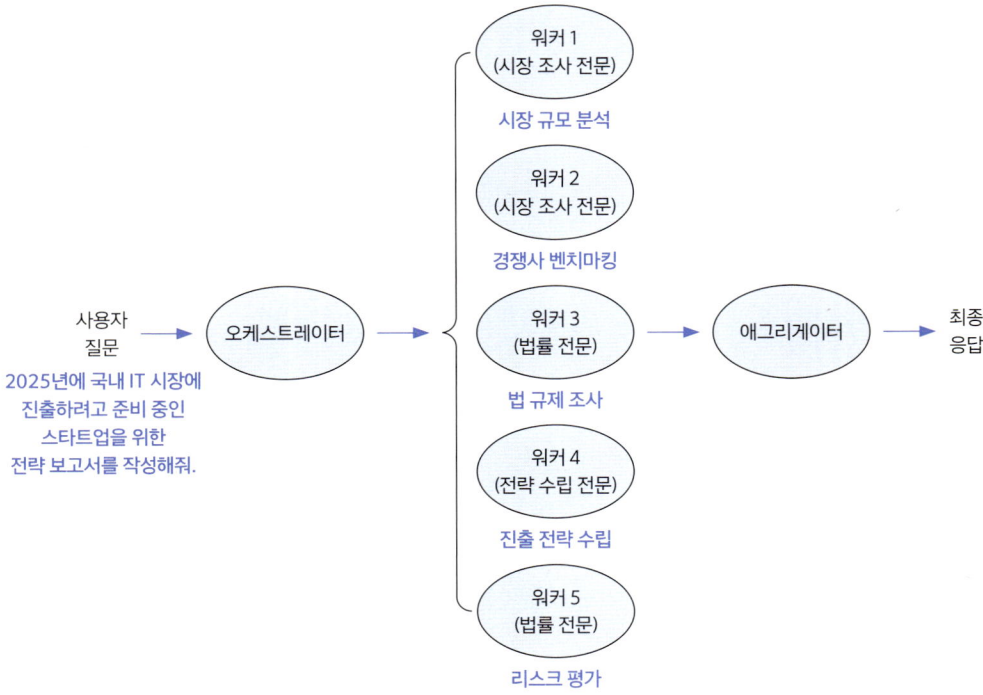

긴급 장애 대응 및 원인 분석

'오늘 새벽 3시부터 웹 사이트 접속 장애가 발생했어. 원인과 대응 방안을 알려줘.' 이러한 요청이 있다면 오케스트레이터는 서버 로그 분석, 최근 배포 내역 확인, 트래픽 변화 모니터링, 외부 공격 가능성 탐색, 시스템 자원 상태 점검 등 진단에 필요한 하위 작업으로 나누고, 이를 각각 로그 분석, 인프라/운영, 보안 등의 전문 워커에 동시에 할당합니다. 그러면 각 워커는 실시간 데이터를 분석해 원인을 규명하고, 애그리게이터는 이러한 결과를 종합해 장애의 원인과 대응 방안을 도출합니다.

이 경우에 오케스트레이터는 장애가 서버 접속 과부하 때문인지, 보안 이슈 때문인지 알 수 없는 상황에서 가능성 있는 여러 원인을 가정해 하위 작업을 병렬로 구성합니다. 즉 사전에 정해진 절차가 아니라 상황에 맞게 동적으로 작업 흐름을 구성할 수 있습니다.

그림 5-5 긴급 장애 대응의 예

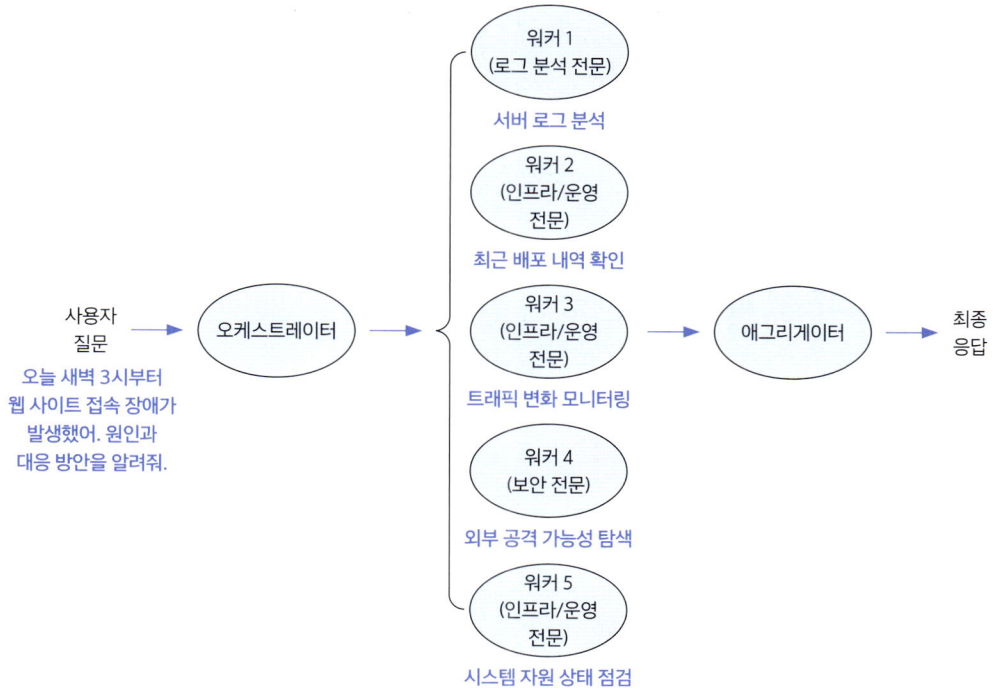

다음 절에서는 오케스트레이터-워커를 파이썬 코드로 구현하는 방법을 알아봅시다.

5.2 오케스트레이터-워커 에이전트 만들기

5.2.1 에이전트 미리 보기

사용자의 질문을 입력받아 여러 개의 하위 질문으로 분해하고, 각 하위 질문에 대한 응답을 받은 후, 모든 응답을 종합해 최종 보고서를 완성하는 오케스트레이터-워커 에이전트를 구현해 보겠습니다.

그림 5-6 오케스트레이터-워커 에이전트의 작동 과정

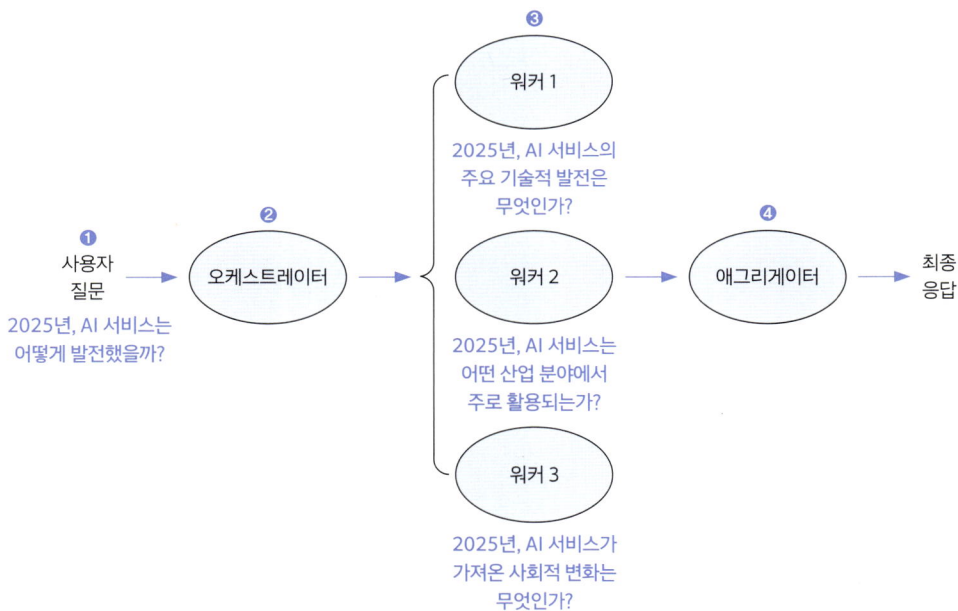

❶ **질문 입력:** '2025년, AI 서비스는 어떻게 발전했을까?'와 같이 자료 조사와 종합 분석이 필요한 복잡한 질문을 입력합니다.

❷ **오케스트레이터 실행:** 질문을 분석해 3개 이내의 하위 질문을 만듭니다. 질문과 함께 해당 질문의 취지를 ❸번에서 활용합니다.

❸ **워커 병렬 실행:** 각 워커에 하위 질문을 할당하고 모든 워커를 병렬로 실행합니다.

❹ **최종 보고서 생성:** 모든 워커의 응답을 취합해 최종 프롬프트를 만들고, 이를 이용해 최종 보고서를 완성합니다.

5.2.2 단계별 구현하기

오케스트레이터-워커 에이전트를 구현해 봅시다. 가상 환경이 활성화되지 않았다면 다음과 같이 활성화합니다.

```
Terminal
> venv\scripts\activate  ------ 윈도우
> source venv/bin/activate  --- 맥OS
```

이 에이전트는 자료 조사를 위한 웹 검색 기능을 갖추고 있으므로 웹 검색 기능을 포함한 LLM 호출 방법을 알아봅시다.

웹 검색의 개념

LLM은 방대한 텍스트 데이터를 학습했기 때문에 언어 처리 능력이 뛰어납니다. 하지만 LLM의 지식은 해당 데이터를 학습한 시점 이전으로 고정돼 있어 오늘의 날씨와 같은 실시간 정보를 묻는 질문에 제대로 답변하지 못합니다.

이러한 한계를 극복하고자 오픈AI는 LLM이 외부 검색을 한 후 응답할 수 있도록 **웹 검색**(web search) 도구를 제공합니다. 챗GPT에 '오늘 날씨 어때?'라고 질문하면 챗GPT가 알아서 웹 검색 도구로 외부 검색을 하고 오늘의 날씨를 알려줍니다.

그림 5-7 웹 검색 도구를 활용한 답변

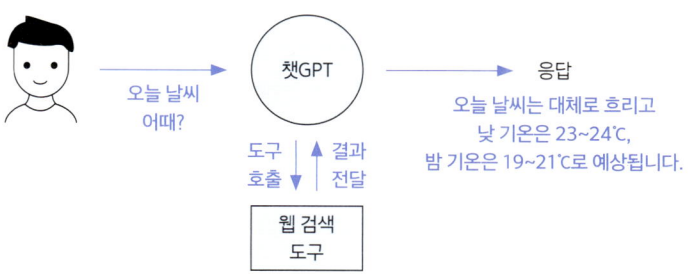

질문을 했을 때 챗GPT가 웹 검색 도구를 이용해 답변하도록 지정할 수도 있습니다. 채팅 창의

+→**더 보기**→**웹 검색**을 선택한 후 질문을 입력하면 '웹 찾아보는 중'이라는 문구가 뜨며, 웹 검색을 한 후 응답하고 마지막에 출처 링크도 함께 표시합니다.

그림 5-8 사용자가 직접 웹 검색 도구를 사용하는 경우

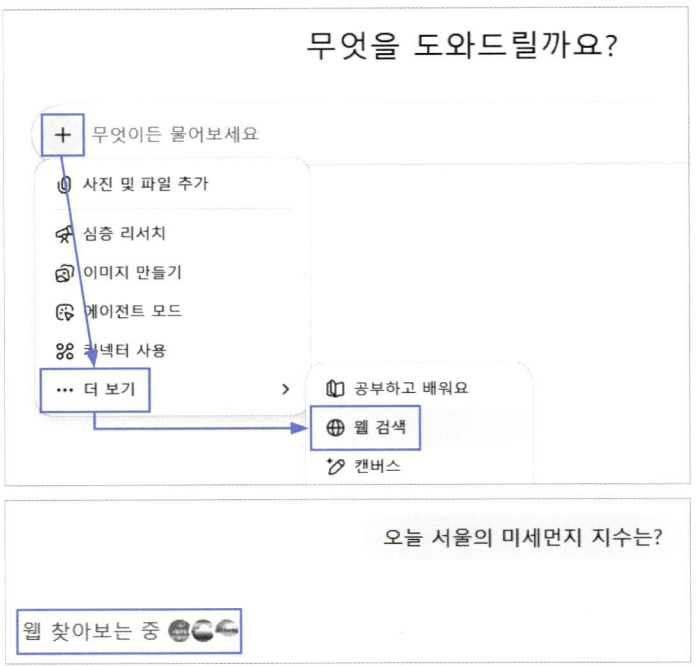

웹 검색 도구를 자신이 개발한 AI 프로그램에 활용하려면 웹 검색 기능을 갖춘 LLM 호출 함수를 만들어야 합니다. 새 파일에서 연습해보기 위해 **ch05_web_search.py** 파일을 생성하고 다음 코드를 입력합니다. OPENAI_API_KEY에는 1장에서 발급받은 API Key를 입력합니다.

ch05_web_search.py

```python
import asyncio
from openai import AsyncOpenAI

OPENAI_API_KEY = "API_Key_입력"
async_client = AsyncOpenAI(api_key=OPENAI_API_KEY)

# ❶ 웹 검색 기능을 포함한 LLM 호출 함수 선언
async def llm_search_async(prompt: str, model: str = "gpt-4.1") -> str:
    response = await async_client.responses.create(
        model = model,
        input = prompt,
```

```
            tools = [{"type": "web_search_preview"}],
        )
        return response.output_text

# ❷ 메인 함수 선언 및 실행
async def main():
    prompt = "오늘의 흥미로운 뉴스를 찾아줘."
    result = await llm_search_async(prompt)
    print("\n💡 웹 검색 결과:")
    print(result)

if __name__ == "__main__":
    asyncio.run(main())
```

❶ 웹 검색 기능을 포함한 LLM 호출 함수 선언

- 웹 검색 기능을 포함한 LLM 호출 함수인 `llm_search_async()`를 선언합니다.

- 웹 검색 기능은 나중에 여러 하위 질문을 동시에 처리할 때 활용되므로 병렬 처리가 가능하도록 비동기 함수(async)로 선언합니다.

- `llm_search_async()` 함수에서 LLM을 호출할 때는 오픈AI의 최신 API인 responses 방식을 사용합니다. responses 방식에 대해서는 136쪽의 **NOTE**를 참고하세요.

- LLM을 호출할 때 tools 인자의 값에는 웹 검색 도구를 의미하는 `{"type": "web_search_preview"}`를 딕셔너리 형태로 입력합니다.

❷ 메인 함수 선언 및 실행

- 웹 검색 기능을 포함한 LLM 호출 함수를 실행하기 위해 `main()` 함수를 정의합니다.

- `main()` 함수는 '오늘의 흥미로운 뉴스를 찾아줘'라는 요청을 LLM에 전달하고, 웹 검색을 거쳐 얻은 결과를 출력합니다.

`python ch05_web_search.py` 명령으로 프로그램을 실행하면 '오늘의 흥미로운 뉴스를 찾아줘'라는 요청에 대해 웹 검색을 한 후 답변합니다. 결과에 출처 링크(https://~)도 표시돼 있으므로 웹 검색 도구가 제대로 작동했음을 알 수 있습니다.

그림 5-9 실행 결과

```
● (venv) PS C:\Users\gilbut\Desktop\ai_agent> python ch05_web_search.py
💡 웹 검색 결과:
2025년 11월 12일 현재, 다음과 같은 흥미로운 뉴스들이 있습니다:

1. **웹소설 시장의 급성장**: 국내 웹소설 시장이 2013년 100억 원에서 2018년 4,000억 원
   규모로 5년 만에 40배 이상 성장했습니다. 이는 인기 드라마의 원작이 웹소설인 경우가 많
   아지면서 독자들의 관심이 높아진 결과로 분석됩니다. ([khanarchive.khan.kr](https://kh
   anarchive.khan.kr/entry/%EC%9B%B9%EC%86%8C%EC%84%A4-%EC%8B%9C%EC%9E%A5-40%EB%B0%B0-%E
   C%84%B1%EC%9E%A5?utm_source=openai))
```

> **NOTE** responses 호출 방식
>
> 4장까지는 LLM 호출 시 chat.completions 방식을 사용했습니다. 이는 텍스트 형태의 답변을 생성하도록 요청하는 대화 전용 호출 방식입니다. 그런데 앞의 예제에서는 responses 방식을 사용했습니다. 이는 단순한 텍스트 생성에 그치지 않고 이미지 생성, 웹 검색, 외부 도구 호출 등 다양한 기능을 통합적으로 활용해 더욱 풍부하고 상황에 맞는 답변을 생성할 수 있는 통합 호출 방식입니다.
>
> ```python
> # chat.completions 방식: 대화 전용 호출 방식
> chat_completion = await async_client.chat.completions.create(
>     model = model,
>     messages = messages,
> )
> # responses 방식: 통합 호출 방식(텍스트 생성, 이미지 생성, 외부 도구 활용)
> response = await async_client.responses.create(
>     model = model,
>     input = prompt,
>     tools = [{"type": "web_search_preview"}],
> )
> ```

웹 검색 LLM 호출 함수 추가하기

웹 검색 기능을 포함한 LLM 호출 함수를 utils.py 파일에 추가합니다.

utils.py

```python
(전략)

# 웹 검색 LLM 호출 함수 선언
async def llm_search_async(prompt: str, model: str = "gpt-4.1") -> str:
    response = await async_client.responses.create(
        model = model,
```

```
            input = prompt,
            tools = [{"type": "web_search_preview"}],
        )
        return response.output_text

if __name__ == "__main__":
    test = llm_call("한국의 수도는?")
    print(test)
```

사용자의 질문을 하위 질문으로 나누기

이제 오케스트레이터-워커 에이전트 만들기의 첫 단계, 즉 사용자의 질문을 입력받아 여러 하위 질문으로 나누는 오케스트레이터를 구현해 봅시다.

ch05_orchestrator.py 파일을 생성하고 다음 코드를 입력한 후 저장합니다.

ch05_orchestrator.py
```
import asyncio
import json
from utils import llm_call

# ❶ 오케스트레이터 프롬프트 생성 함수 선언
def get_orchestrator_prompt(user_query):
    return f"""
다음 사용자 질문을 분석한 뒤, 이를 3개 이내의 관련 하위 질문으로 분해해.
결과는 JSON 배열로 출력해.
JSON 배열 안의 각 하위 질문은 다음 형식을 따르는 JSON 객체로 만들어.
[
    {{
        "question": "하위 질문 1",
        "description": "이 하위 질문의 요지와 의도에 대한 설명"
    }},
    {{
        "question": "하위 질문 2",
        "description": "이 하위 질문의 요지와 의도에 대한 설명"
    }}
]

사용자 질문: {user_query}
"""

# ❷ 오케스트레이터-워커 워크플로 실행 함수 선언
```

```python
async def run_orchestrator_workflow(user_query):
    orchestrator_prompt = get_orchestrator_prompt(user_query)
    orchestrator_response = llm_call(orchestrator_prompt, model="gpt-4o")

    # LLM 응답 앞뒤에 붙은 ```json{…}``` 마크다운 코드 블록 제거
    subtask_list = json.loads(
        orchestrator_response.replace('```json', '').replace('```', '')
    )

    # 하위 질문 출력
    for i, subtask in enumerate(subtask_list, start=1):
        print(f"\n--- 하위 질문 {i} ---")
        print("질문:", subtask['question'])
        print("설명:", subtask['description'])

# ❸ 메인 함수 선언 및 워크플로 실행
async def main():
    user_query = "2025년, AI 서비스는 어떻게 발전했을까?"
    final_output = await run_orchestrator_workflow(user_query)

if __name__ == "__main__":
    asyncio.run(main())
```

❶ **오케스트레이터 프롬프트 생성 함수 선언**

- 사용자의 질문을 입력받아 오케스트레이터에 전달할 프롬프트를 만드는 get_orchestrator _prompt() 함수를 선언합니다.

- LLM의 응답을 다음 단계에서 사용할 수 있도록 JSON 형식으로 답변하라는 지시문을 프롬프트에 포함합니다.

- 정해진 형식으로 답변하라고 LLM에 요청하는 방법에는 JSON을 이용하는 방법과 Pydantic(파이단틱)을 이용하는 방법이 있습니다. 자세한 내용은 140쪽의 **NOTE**를 참고하세요.

❷ **오케스트레이터-워커 워크플로 실행 함수 선언**

- 에이전트의 워크플로를 실행할 run_orchestrator_workflow() 함수를 만듭니다.

- run_orchestrator_workflow() 함수는 get_orchestrator_prompt() 함수를 호출해 오케스트레이터용 프롬프트를 만들고, 이를 이용해 llm_call() 함수를 호출해 하위 질문을 만듭니다.

- LLM 호출 결과로 하위 질문과 그에 대한 설명이 JSON 문자열로 반환됩니다. 이렇게 반환받은 JSON 문자열은 다시 json.loads()를 이용해 리스트(딕셔너리의 모음)로 변환합니다.

- 이때 반환받은 JSON 문자열의 앞뒤로 마크다운 코드 블록(````json{…}```)이 있을 수 있습니다(다음 코드 참고). 이 경우 실제 JSON 문자열은 {…} 부분이고 앞뒤의 ```json과 ``` 는 마크다운 코드 블록이므로 replace() 메서드를 이용해 마크다운 코드 블록을 제거합니다.

```json
{ "question": "예시 질문", "description": "예시 설명" }
```

❸ 메인 함수 선언 및 워크플로 실행

- '2025년, AI 서비스는 어떻게 발전했을까?'라는 질문을 문자열 변수에 저장합니다.
- run_orchestrator_workflow() 함수를 실행해 사용자의 질문을 여러 하위 질문으로 나눕니다.

python ch05_orchestrator.py 명령으로 프로그램을 실행하면 오케스트레이터가 사용자의 질문을 분석해 3개의 하위 질문을 출력합니다.

그림 5-10 실행 결과

```
(venv) PS C:\Users\gilbut\Desktop\ai_agent> python ch05_orchestrator.py

--- 하위 질문 1 ---
질문: AI 서비스의 주요 기술 발전은 어떤 것이 있을까?
설명: 2025년에 AI 서비스가 어떻게 발전했는지 이해하기 위해 기술적인 진보와 추가된 기능을 살펴봅니다.

--- 하위 질문 2 ---
질문: 2025년의 AI 서비스 발전이 사용자 경험에 어떤 영향을 미쳤을까?
설명: 기술 발전이 실제 사용자 경험과 상호 작용에 어떤 영향을 미쳤는지 파악하고자 합니다.

--- 하위 질문 3 ---
질문: AI 서비스 발전이 사회와 산업에 미친 영향은 무엇일까?
설명: AI 서비스의 발전이 사회구조와 다양한 산업 분야에 어떤 긍정적 또는 부정적 영향을 미쳤는지 분석하려 합니다.
```

> 💬 NOTE **LLM 응답 형식 지정 방법**

오케스트레이터의 응답을 다음 단계에서 제대로 활용하려면 오케스트레이터가 정해진 형식(예: 리스트, 딕셔너리 등)으로 답변하도록 유도해야 합니다. 이처럼 특정한 형식으로 답변하도록 LLM에 설정하는 방법은 다음과 같이 두 가지가 있습니다.

❶ 프롬프트에 JSON 형식 지정하기

프롬프트 안에서 아예 JSON 형식으로 답하라고 지시하는 방법입니다. 앞의 예제에서와 같이 '결과는 JSON 배열로 출력해', 'JSON 배열 안의 각 하위 질문은 다음 형식을 따르는 JSON 객체로 만들어'라고 지시하는 것입니다.

JSON은 웹 서비스에서 표준 데이터 포맷으로 사용되기 때문에 데이터를 후속 처리하거나 다른 서비스와 연동할 때 편리합니다. 따라서 LLM이 지정된 JSON 형식으로 응답하도록 유도하면 이후 JSON 데이터를 받아 리스트나 딕셔너리로 변환해 활용할 수 있습니다.

❷ Pydantic과 responses 방식 사용하기

LLM이 응답할 때 정해진 구조만 따르도록 강제하는 방법입니다. 이를 위해 Pydantic 패키지를 사용하는데, Pydantic은 파이썬에서 데이터 구조를 명확히 정의하고 그 형식에 맞는지 검사하는 역할을 합니다.

다음은 LLM의 응답에 sub_question과 description이라는 항목만 있어야 한다는 규칙을 정하고, 응답이 정확한 형식을 따르는지 자동으로 확인하는 코드입니다. 이 규칙을 responses 방식과 함께 사용하면 LLM이 다른 형식으로 응답하지 못하도록 제한할 수 있습니다.

```python
from openai import OpenAI
from pydantic import BaseModel  # Pydantic 패키지의 BaseModel 모듈 임포트

client = OpenAI()

# 원하는 응답 구조 정의
class SubQuestion(BaseModel):
    sub_question: str
    description: str

response = client.responses.parse(
    model = "gpt-4o",
    input = [
        {"role": "system",
         "content": "사용자 질문을 분석해 하위 질문으로 분해해. 질문: 한국의 반도체 산업에 대해 알려줘"},
```

```
        ],
        text_format = SubQuestion,   # 앞에서 정의한 형식만 따르도록 강제
)

result = response.output_parsed
print(result)
```

LLM이 정해진 형식에 따라 답변하도록 유도하는 방법에 대한 자세한 내용은 오픈AI의 공식 문서를 참고하세요.

- **공식 문서** https://platform.openai.com/docs/guides/structured-outputs

모든 하위 질문을 병렬로 실행하기

이제 각 하위 질문을 병렬로 실행한 후 응답 결과를 받기 위해 다음과 같이 코드를 추가합니다.

ch05_orchestrator.py
```
import asyncio
import json
# ❶ 웹 검색 LLM 호출 함수 임포트
from utils import llm_call, llm_search_async


# 오케스트레이터 프롬프트 생성 함수 선언
def get_orchestrator_prompt(user_query):
    return f"""
다음 사용자 질문을 분석한 뒤, 이를 3개 이내의 관련 하위 질문으로 분해해.
결과는 JSON 배열로 출력해.
JSON 배열 안의 각 하위 질문은 다음 형식을 따르는 JSON 객체로 만들어.
[
    {{
        "question": "하위 질문 1",
        "description": "이 하위 질문의 요지와 의도에 대한 설명"
    }},
    {{
        "question": "하위 질문 2",
        "description": "이 하위 질문의 요지와 의도에 대한 설명"
    }}
]

사용자 질문: {user_query}
"""
```

```python
# ❷ 워커 프롬프트 생성 함수 선언
def get_worker_prompt(user_query, question, description):
    return f"""
다음 사용자 질문에서 파생된 하위 질문을 보고 응답해.
사용자 질문: {user_query}
하위 질문: {question}
하위 질문의 의도: {description}
하위 질문을 철저히 분석해 그에 대해 포괄적이고 상세하게 응답해.
웹 검색 도구를 이용해 자료 조사를 하고, 이를 반영해 응답해.
"""

# ❸ 여러 LLM 요청 병렬 실행 함수 선언
async def run_llm_parallel(prompt_details):
    tasks = [
        llm_search_async(item['user_prompt'], item['model'])
        for item in prompt_details
    ]
    responses = await asyncio.gather(*tasks)
    return responses

# 오케스트레이터-워커 워크플로 실행 함수 선언
async def run_orchestrator_workflow(user_query):
    orchestrator_prompt = get_orchestrator_prompt(user_query)
    orchestrator_response = llm_call(orchestrator_prompt, model="gpt-4o")

    # LLM 응답 앞뒤에 붙은 ```json{…}``` 마크다운 코드 블록 제거
    subtask_list = json.loads(
        orchestrator_response.replace('```json', '').replace('```', '')
    )

    # 하위 질문 출력
    for i, subtask in enumerate(subtask_list, start=1):
        print(f"\n--- 하위 질문 {i} ---")
        print("질문:", subtask['question'])
        print("설명:", subtask['description'])

    # ❹ 워커 작업 목록 생성
    worker_prompt_details = [
        {
            "user_prompt": get_worker_prompt(
                user_query,
                subtask["question"],
```

```python
                    subtask["description"]
                ),
                "model": "gpt-4.1"
            }
            for subtask in subtask_list
        ]

        # 첫 번째 워커 프롬프트 테스트 출력
        print("\n========== 샘플 워커 프롬프트 ==========")
        print(worker_prompt_details[0]['user_prompt'])

        # ❺ 워커 병렬 실행 후 응답 출력
        worker_responses = await run_llm_parallel(worker_prompt_details)

        print("\n========== 워커 응답 결과 ==========")
        for i, response in enumerate(worker_responses, 1):
            print(f"\n--- 하위 질문 {i} 응답 ---")
            print(response)

# 메인 함수 선언 및 워크플로 실행
async def main():
    user_query = "2025년, AI 서비스는 어떻게 발전했을까?"
    final_output = await run_orchestrator_workflow(user_query)

if __name__ == "__main__":
    asyncio.run(main())
```

❶ 웹 검색 LLM 호출 함수 임포트

- 워커가 각 하위 질문에 대해 웹 검색을 할 수 있도록 **utils.py**에 만든 `llm_search_async()` 함수를 임포트합니다.

❷ 워커 프롬프트 생성 함수 선언

- 워커용 프롬프트를 만드는 `get_worker_prompt()` 함수를 선언합니다.
- 워커가 질문의 맥락과 의도를 파악한 후 답변할 수 있도록 프롬프트에 사용자의 처음 질문, 하위 질문, 하위 질문의 의도를 추가합니다.
- 응답 시 웹 검색 도구를 활용할 수 있도록 프롬프트에 '웹 검색 도구를 이용해 자료 조사를 하고, 이를 반영해 응답해'라는 문구를 추가합니다.

❸ **여러 LLM 요청 병렬 실행 함수 선언**

- **4장**에서 구현한 병렬 처리 함수와 유사한 run_llm_parallel() 함수를 선언합니다.
- 여기서는 특별히 asyncio.gather(*tasks)를 이용해 병렬 처리를 수행합니다. 이는 하위 질문 리스트(tasks)에 들어 있는 순서대로 작업을 병렬로 실행하고, 작업마다 실행 완료 시점이 다르더라도 응답을 하위 질문 리스트의 순서와 동일하게 저장하라는 의미입니다. 그러면 하위 질문 리스트(tasks)와 응답 결과 리스트(responses)를 순서대로 일대일 대응할 수 있습니다.

❹ **워커 작업 목록 생성**

- worker_prompt_details라는 리스트를 만듭니다. 이 리스트의 각 항목은 2개의 키를 가진 딕셔너리입니다.
  - **user_prompt**: get_worker_prompt() 함수를 호출해 생성된 워커용 프롬프트를 저장합니다.
  - **model**: 워커 작업을 수행할 때 사용할 LLM(gpt-4.1)을 지정합니다.
- subtask_list의 각 하위 질문(subtask)을 순회하며 각 subtask를 user_prompt, model 키를 가진 딕셔너리 리스트로 변환합니다. 이때 파이썬의 **리스트 컴프리헨션** 문법을 사용해 간편하게 리스트를 생성합니다. 자세한 내용은 145쪽의 **NOTE**를 참고하세요.
- 결과적으로 worker_prompt_details는 다음과 같은 형태로 데이터가 저장됩니다.

```
[
    {"user_prompt": "<하위 질문 1용 프롬프트>", "model": "gpt-4.1"},
    {"user_prompt": "<하위 질문 2용 프롬프트>", "model": "gpt-4.1"},
    ...
]
```

❺ **워커 병렬 실행 후 응답 출력**

- 앞서 만든 워커 작업 목록(worker_prompt_details)을 병렬로 실행합니다.
- run_llm_parallel() 함수는 내부에서 asyncio.gather(*tasks) 구문을 사용하기 때문에 작업 순서와 동일한 응답 결과 리스트를 반환합니다. 따라서 각 작업이 언제 끝났든 간에 worker_responses[]와 worker_prompt_details[]가 일대일로 대응됩니다.

- 응답 결과 리스트를 순회하며 각 작업의 응답을 출력합니다.

코드를 실행하면 하위 질문 3개가 출력된 후, 테스트로 출력한 첫 번째 워커 프롬프트와 각 하위 질문에 대한 응답을 확인할 수 있습니다.

그림 5-11 실행 결과

```
● (venv) PS C:\Users\gilbut\Desktop\ai_agent> python ch05_orchestrator.py
 --- 하위 질문 1 ---
 질문: 2025년에 AI 서비스의 주요 기술적 발전은 무엇인가?
 설명: AI 서비스가 2025년까지 어떤 기술적 발전을 이루었는지 구체적으로 조사하기 위한

 --- 하위 질문 2 ---
 질문: 2025년 AI 서비스는 주요 산업 분야에 어떤 영향을 미쳤는가?
 설명: AI 서비스가 의료, 금융, 제조업 등의 산업 분야에 미친 영향과 변화에 대해 알아보

 --- 하위 질문 3 ---
 질문: 2025년 AI 서비스의 사용자 경험은 어떻게 변화했는가?
 설명: AI 서비스가 사용자 경험 및 상호작용 측면에서 어떤 발전을 이루었는지, 사용자에게

 ========== 샘플 워커 프롬프트 ==========
 다음 사용자 질문에서 파생된 하위 질문을 보고 응답해.
 사용자 질문: 2025년, AI 서비스는 어떻게 발전했을까?
 하위 질문: 2025년에 AI 서비스의 주요 기술적 발전은 무엇인가?
 하위 질문의 의도: AI 서비스가 2025년까지 어떤 기술적 발전을 이루었는지 구체적으로 조
 하위 질문을 철저히 분석해 그에 대해 포괄적이고 상세하게 응답해.
 웹 검색 도구를 이용해 자료 조사를 하고, 이를 반영해 응답해.

 ========== 워커 응답 결과 ==========
 --- 하위 질문 1 응답 ---
 2025년까지 인공지능(AI) 서비스는 다양한 기술적 발전을 이루어 사회 전반에 걸쳐 큰 변화

 **1. 생성형 AI의 고도화 및 대중화**

 생성형 AI는 텍스트, 이미지, 음악, 동영상 등 다양한 콘텐츠를 생성하는 능력이 비약적으
 혁신을 주도하고 있습니다. ([istcrew.com](https://istcrew.com/2025%EB%85%84-%EC%9D%B8
 EC%A0%95%EB%A6%AC/?utm_source=openai))
```

> **NOTE** 리스트 컴프리헨션
>
> **리스트 컴프리헨션**(list comprehension)은 하나의 리스트를 다른 리스트로 변환하는 문법입니다. 단 한 줄의 코드로 원본 리스트를 순회하며 각 항목을 원하는 방식으로 가공해 새 리스트를 만들 수 있습니다.
>
> [표현식 for 변수 in 반복가능객체]
>
> - `for 변수 in 반복가능객체`: 리스트, 문자열, range 등 반복 가능한 객체를 순회하며, 주로 리스트를 활용합니다.
>
> ◑ 계속

- **표현식:** 각 항목을 어떻게 변환해 리스트에 넣을지 지정합니다.

예를 들어 숫자 1~4가 들어 있는 리스트를 각 숫자의 제곱으로 변환하려면 다음과 같이 작성합니다.

```
numbers = [1, 2, 3, 4]
squared = [n ** 2 for n in numbers]  # [1, 4, 9, 16]
```

최종 보고서 만들기

끝으로 모든 워커의 응답을 종합해 최종 보고서를 생성하겠습니다. 지금까지는 오케스트레이터가 하위 작업 생성과 배분을 하고 각 워커가 부여받은 작업을 실행했으나, 여기서는 애그리게이터가 워커의 결과를 취합해 최종 보고서를 완성합니다.

ch05_orchestrator.py

```
(전략)

# 오케스트레이터-워커 워크플로 실행 함수 선언
async def run_orchestrator_workflow(user_query):
    (중략)
    print("\n=========== 워커 응답 결과 ===========")
    for i, response in enumerate(worker_responses, 1):
        print(f"\n--- 하위 질문 {i} 응답 ---")
        print(response)

    # ❶ 애그리게이터 프롬프트 생성
    aggregator_prompt = (
        "다음은 사용자 질문을 하위 질문으로 나누고 받은 응답이야.\n"
        "이 내용을 모두 종합해 최종 답변을 해.\n"
        "하위 질문의 응답을 최대한 포괄적이고 상세하게 포함해.\n"
        f"사용자 질문: {user_query}\n\n"
        "하위 질문 및 응답:\n"
    )

    for i, task in enumerate(subtask_list):
        aggregator_prompt += f"\n{i+1}. 하위 질문: {task['question']}\n"
        aggregator_prompt += f"   응답: {worker_responses[i]}\n"

    print("\n====== 애그리게이터 프롬프트 ======\n", aggregator_prompt)

    # ❷ 최종 보고서 생성
```

```python
        final_response = llm_call(aggregator_prompt, model="gpt-4.1")
        print("\n=========== 최종 보고서 결과 ===========")
        print(final_response)

# 메인 함수 선언 및 워크플로 실행
async def main():
    user_query = "2025년, AI 서비스는 어떻게 발전했을까?"
    final_output = await run_orchestrator_workflow(user_query)
```

❶ **애그리게이터 프롬프트 생성**

- 최종 보고서 생성을 담당하는 애그리게이터의 프롬프트를 생성합니다. 사용자의 처음 질문, 각 워커의 질문과 응답을 모두 프롬프트에 추가합니다.

❷ **최종 보고서 생성**

- 모든 정보가 담긴 aggregator_prompt를 활용해 마지막으로 LLM을 호출하고 최종 보고서를 생성합니다.

프로그램을 실행해보면 다음과 같은 최종 보고서가 출력됩니다.

그림 5-12 실행 결과

```
=========== 최종 보고서 결과 ===========
2025년, AI 서비스는 어떻게 발전했을까? (최종 종합 답변)

2025년의 AI 서비스는 이전과 비교할 수 없을 정도로 비약적 발전을 이루며, 기술적·산업적
·사회적으로 전 영역에 깊이 스며들고 있습니다. 아래에는 주요 발전상, 활용 분야, 그리
고 이로 인한 사회적 변화를 포괄적이고 상세하게 정리합니다.

---

### 1. 2025년 AI 서비스의 주요 기술적 발전

- **생성형 AI의 고도화 및 멀티모달 능력**
  텍스트뿐만 아니라 이미지, 음성, 음악, 영상 등 여러 형태의 데이터를 동시에 이해하고
자유롭게 생성하는 멀티모달 생성형 AI가 대중화되었습니다. 그 결과 맞춤형 콘텐츠 제작,
창의적 작업, 자동화된 디지털 에이전트 서비스가 확산되어 일상과 업무 환경 모두에서 효
율성과 창의성이 증대되었습니다.

- **자율주행과 로봇 기술의 완성 단계 진입**
  자율주행차는 레벨 4~5 수준에 도달, 특정 도심에서는 완전 무인 주행이 이뤄지고 있습니
다. AI 기반 서비스 로봇(가정, 의료, 물류 등)과의 융합도 활발하며, 사람과 자연스럽게
```

5.3 에이전트 UI 완성하기

오케스트레이터-워커 에이전트에 사용자 친화적인 UI를 추가해 프로그램을 완성해 봅시다.

5.3.1 UI 미리 보기

오케스트레이터-워커 에이전트의 실행 화면은 다음과 같이 네 부분으로 이뤄져 있습니다.

그림 5-13 오케스트레이터-워커 에이전트의 웹 실행 화면

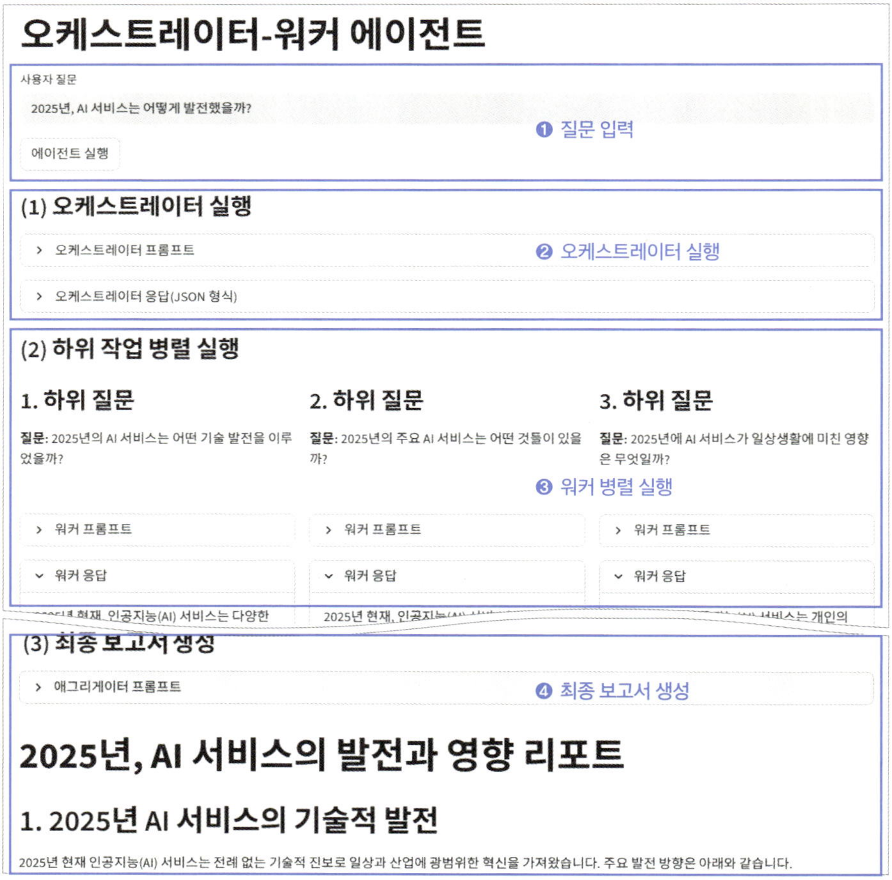

❶ **질문 입력:** 사용자가 질문을 입력하고 [에이전트 실행] 버튼을 클릭하면 에이전트가 실행됩니다.

❷ **오케스트레이터 실행:** 오케스트레이터 프롬프트와 오케스트레이터가 나눈 하위 작업을 표시합니다.

❸ **워커 병렬 실행:** 모든 워커가 작업을 병렬로 실행하고 응답 결과를 표시합니다.

❹ **최종 보고서 생성:** 모든 하위 작업의 응답을 취합해 최종 프롬프트를 만들고, 이를 기반으로 최종 보고서를 생성합니다. 최종 보고서는 마크다운 형식으로 구조화해 출력합니다.

> **TIP** **마크다운**(markdown)은 텍스트를 간단한 규칙으로 꾸며주는 문서 작성 형식으로, 텍스트에 기호를 붙여 제목, 굵은 글씨, 목록, 코드 블록 등의 서식을 표현할 수 있습니다. 예를 들어 '# 제목'은 큰 제목을 만들고, '**강조**'는 글씨를 굵게 만듭니다.

5.3.2 UI 완성하기

지면 관계상 코드를 두 부분으로 나눠 설명하겠습니다.

주요 함수 재활용

ch05_orchestrator_ui.py 파일을 생성하고 다음 코드를 입력한 후 저장합니다. 앞에서 구현한 오케스트레이터 프롬프트 생성 함수, 워커 프롬프트 생성 함수, 여러 LLM 요청 병렬 실행 함수를 그대로 가져와 사용합니다.

ch05_orchestrator_ui.py
```
import streamlit as st
import asyncio
import json
from utils import llm_call, llm_search_async

# 주요 함수 재활용
# 오케스트레이터 프롬프트 생성
def get_orchestrator_prompt(user_query):
    return f"""
다음 사용자 질문을 분석한 뒤, 이를 3개 이내의 관련 하위 질문으로 분해해.
결과는 JSON 배열로 출력해.
JSON 배열 안의 각 하위 질문은 다음 형식을 따르는 JSON 객체로 만들어.
[
    {{
        "question": "하위 질문 1",
```

```
            "description": "이 하위 질문의 요지와 의도에 대한 설명"
        }},
        {{
            "question": "하위 질문 2",
            "description": "이 하위 질문의 요지와 의도에 대한 설명"
        }}
    ]

    사용자 질문: {user_query}
    """

# 워커 프롬프트 생성
def get_worker_prompt(user_query, question, description):
    return f"""
다음 사용자 질문에서 파생된 하위 질문을 보고 응답해.
사용자 질문: {user_query}
하위 질문: {question}
하위 질문의 의도: {description}
하위 질문을 철저히 분석해 그에 대해 포괄적이고 상세하게 응답해.
웹 검색 도구를 이용해 자료 조사를 하고, 이를 반영해 응답해.
"""

# 여러 LLM 요청 병렬 실행
async def run_llm_parallel(prompt_details):
    tasks = [
        llm_search_async(item['user_prompt'], item['model'])
        for item in prompt_details
    ]
    responses = await asyncio.gather(*tasks)
    return responses
```

스트림릿 맞춤형 오케스트레이터-워커 워크플로 실행

run_orchestrator_workflow() 함수 대신 스트림릿 UI와 연동해 작동하는 핵심 로직인 run_orchestrator_workflow_streamlit() 함수를 새로 정의합니다. 이 함수는 사용자의 질문을 입력받아 오케스트레이터 실행→하위 작업 병렬 실행→최종 보고서 생성 순으로 작업을 수행한 후 결과를 출력합니다.

ch05_orchestrator_ui.py

```
# 여러 LLM 요청 병렬 실행
async def run_llm_parallel(prompt_details):
    (중략)
```

```python
    return responses

# 스트림릿 맞춤형 오케스트레이터-워커 워크플로 실행
async def run_orchestrator_workflow_streamlit(user_query):

    # ❶ 오케스트레이터 실행 및 응답 출력
    orchestrator_prompt = get_orchestrator_prompt(user_query)
    st.subheader("(1) 오케스트레이터 실행")

    with st.expander("오케스트레이터 프롬프트", expanded=False):
        st.code(orchestrator_prompt)

    orchestrator_response = llm_call(orchestrator_prompt, model="gpt-4o")

    with st.expander("오케스트레이터 응답(JSON 형식)", expanded=True):
        st.code(orchestrator_response.replace('```json', '').replace('```', ''))

    subtask_list = json.loads(
        orchestrator_response.replace('```json', '').replace('```', '')
    )

    # 워커 작업 목록 생성
    worker_prompt_details = [
        {
            "user_prompt": get_worker_prompt(
                user_query,
                subtask["question"],
                subtask["description"]
            ),
            "model": "gpt-4.1"
        }
        for subtask in subtask_list
    ]

    # ❷ 워커 병렬 실행 및 결과 출력
    worker_responses = await run_llm_parallel(worker_prompt_details)

    st.subheader("(2) 하위 작업 병렬 실행")
    columns = st.columns(len(subtask_list))
    for i, (col, task, prompt, response) in enumerate(zip(columns, subtask_list,
                            worker_prompt_details, worker_responses)):
        with col:
            with st.container(height=150, border=False):
```

```python
                st.markdown(f"### {i+1}. 하위 질문")
                st.markdown(f"**질문:** {task['question']}")
            with st.expander("워커 프롬프트", expanded=False):
                st.code(prompt)
            with st.expander("워커 응답", expanded=True):
                st.markdown(response)

    # ❸ 애그리게이터 프롬프트 생성
    aggregator_prompt = (
        "다음은 사용자 질문을 하위 질문으로 나누고 받은 응답이야.\n"
        "이 내용을 모두 종합해 최종 보고서를 마크다운 형식으로 완성해.\n"
        "하위 질문의 응답을 최대한 포괄적이고 상세하게 포함해.\n"
        "그리고 반드시 **응답에 활용된 모든 출처는 마지막의 <출처> 섹션에 마크다운 링크 형태로 정리해 제공해줘.**\n"
        f"사용자 질문: {user_query}\n\n"
        "하위 질문 및 응답:\n"
    )

    for i in range(len(subtask_list)):
        aggregator_prompt += f"\n{i+1}. 하위 질문: {subtask_list[i]['question']}\n"
        aggregator_prompt += f"  응답: {worker_responses[i]}\n"

    st.subheader("(3) 최종 보고서 생성")
    with st.expander("애그리게이터 프롬프트", expanded=False):
        st.code(aggregator_prompt)

    # ❹ 최종 보고서 생성
    final_response = llm_call(aggregator_prompt, model="gpt-4.1")
    st.write(final_response)

# 메인 함수 실행
def main():
    st.set_page_config(page_title="오케스트레이터-워커 에이전트", layout="wide")
    st.title("오케스트레이터-워커 에이전트")
    default_query = "2025년, AI 서비스는 어떻게 발전했을까?"
    user_query = st.text_input("사용자 질문", value=default_query)

    if st.button("에이전트 실행"):
        asyncio.run(run_orchestrator_workflow_streamlit(user_query))

if __name__ == "__main__":
    main()
```

❶ 오케스트레이터 실행 및 응답 출력

- 스트림릿의 세 명령을 활용해 오케스트레이터 프롬프트와 오케스트레이터 응답(JSON 형식의 하위 질문 리스트)을 출력합니다.
  - `st.subheader()`: 굵은 글씨의 중간 크기 제목으로 표시합니다.
  - `st.expander()`: 클릭하면 열고 닫을 수 있는 접이식 영역으로 표시합니다.
  - `st.code()`: 코드나 명령어를 코드 블록 형태로 강조되게 표시합니다.
- 사용자는 처음에 했던 질문을 오케스트레이터가 어떻게 분해했는지 확인할 수 있습니다.

❷ 워커 병렬 실행 및 결과 출력

- `run_llm_parallel()` 함수로 여러 하위 질문에 대해 동시에 LLM을 호출해 응답을 받습니다.
- `st.columns()`를 사용해 각 하위 질문을 열(column) 단위의 UI 블록으로 나눕니다. 각 열에 하위 질문, 워커 프롬프트, 워커 응답을 출력합니다.
  - `st.markdown()`을 이용해 하위 질문을 출력합니다.
  - 워커 프롬프트는 `st.expander()` 안에 `st.code()`로 표시하고, 필요할 때만 펼쳐볼 수 있게 expanded=False로 설정합니다.
  - 워커 응답은 `st.expander()` 안에 `st.markdown()`(텍스트를 마크다운 형식으로 표시)으로 표시하고, 기본적으로 펼쳐진 상태에서 확인할 수 있게 expanded=True로 설정합니다.
- 사용자는 각 하위 질문에 대해 프롬프트(입력)와 응답(출력)을 나란히 비교하면서 쉽게 파악할 수 있습니다.

❸ 애그리게이터 프롬프트 생성

- 하위 질문별 응답을 모두 종합해 애그리게이터 프롬프트를 완성합니다.
- 애그리게이터 프롬프트도 `st.expander()`를 통해 확인할 수 있게 설정합니다.

❹ 최종 보고서 생성

- 애그리게이터 프롬프트를 활용해 LLM을 호출하고 최종 보고서를 받아 출력합니다.
- `st.write()`를 이용해 최종 보고서를 마크다운 형식 그대로 출력합니다.

`streamlit run ch05_orchestrator_ui.py` 명령으로 프로그램을 실행한 후 [에이전트 실행] 버튼

을 클릭하면 오케스트레이터가 실행돼 하위 작업으로 나누고, 각 하위 작업을 병렬로 수행한 후 최종 보고서를 출력합니다.

그림 5-14 실행 결과

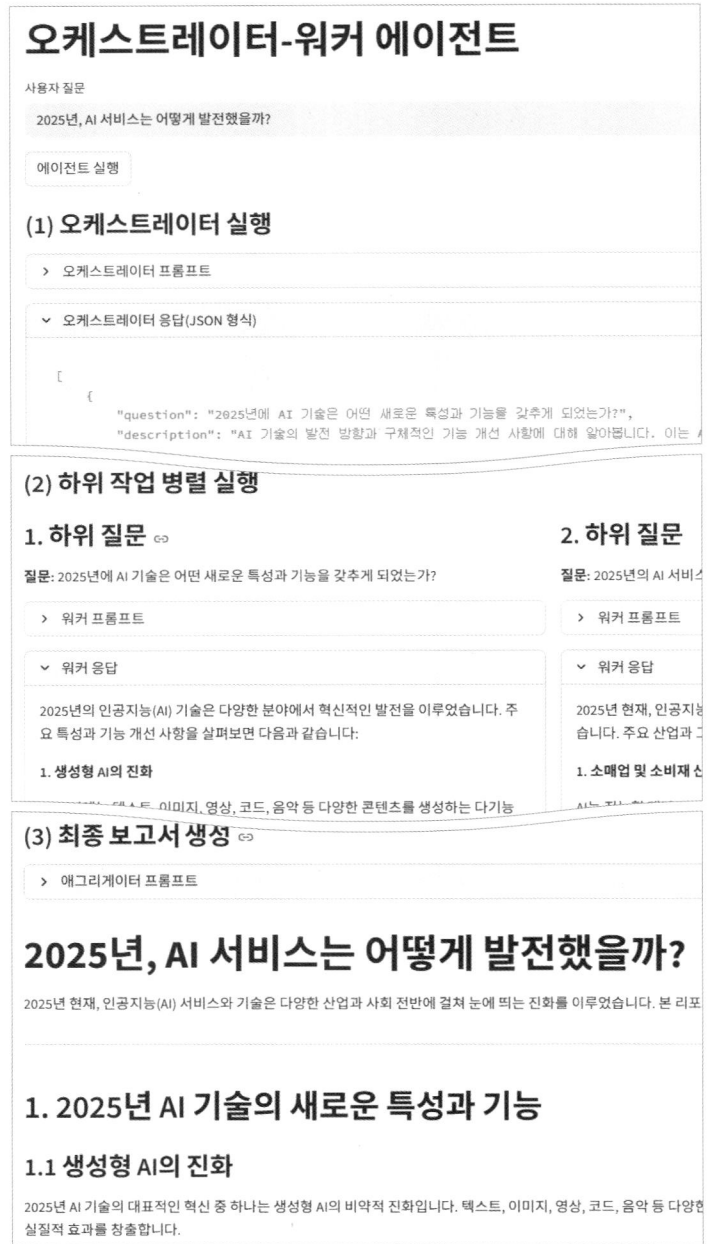

1. 오케스트레이터-워커의 개념

① 오케스트레이터-워커는 복잡한 문제를 오케스트레이터가 하위 작업으로 분해하고, 각 워커가 하위 작업을 병렬로 실행한 후, 애그리게이터가 모든 결과를 종합해 최종 결과를 도출하는 방식입니다.

② 하위 작업이 사용자의 질문에 따라 유동적으로 결정되기 때문에 처음 접하는 복잡한 문제에 유연하게 대응할 수 있습니다. 또한 고성능 모델과 저렴한 모델을 조합해 효율적인 역할 분담이 가능하고, 각 워커의 특화된 전문성을 활용함으로써 우수한 응답을 얻을 수 있습니다.

2. 웹 검색 LLM 호출 함수

① LLM은 언어 처리 능력이 뛰어나지만 실시간 정보를 요구하는 질문에는 정확히 답변하기 어렵습니다.

② 이를 보완하기 위해 웹 검색 기능이 포함된 LLM 호출 함수를 사용합니다.

③ 다음과 같이 LLM 호출문 내 tools 인자로 {"type": "web_search_preview"}를 전달하면 LLM이 외부 검색을 수행한 후 응답합니다.

```python
# 웹 검색 LLM 호출 함수
async def llm_search_async(prompt: str, model: str = "gpt-4.1") -> str:
    response = await async_client.responses.create(
        model = model,
        input = prompt,
        tools = [{"type": "web_search_preview"}],
    )
    return response.output_text
```

3. 구조화된 응답을 위한 오케스트레이터 프롬프트

① 오케스트레이터의 응답을 다음 단계에서 제대로 활용하려면 오케스트레이터가 정해진 형식(예: 리스트, 딕셔너리 등)으로 답변하도록 유도해야 합니다.

② 이를 위해 오케스트레이터 프롬프트에 JSON 형식으로 답변하라는 지시를 추가했습니다.

③ 이렇게 하면 JSON 형식의 응답을 받아 리스트로 변환하고, 리스트로 변환된 작업을 각 워커에 자동으로 배분할 수 있습니다.

```
# 오케스트레이터 프롬프트 생성
def get_orchestrator_prompt(user_query):
    return f"""
다음 사용자 질문을 분석한 뒤, 이를 3개 이내의 관련 하위 질문으로 분해해.
결과는 JSON 배열로 출력해.
JSON 배열 안의 각 하위 질문은 다음 형식을 따르는 JSON 객체로 만들어.
[
    {{
        "question": "하위 질문 1",
        "description": "이 하위 질문의 요지와 의도에 대한 설명"
    }},
    {{
        "question": "하위 질문 2",
        "description": "이 하위 질문의 요지와 의도에 대한 설명"
    }}
]

사용자 질문: {user_query}
"""
```

정리하기 퀴즈

▶ 정답 223쪽

1 관련 있는 것끼리 연결하세요.

오케스트레이터 •　　　　　　　　　• 결과를 취합해 최종 결과 도출

워커 •　　　　　　　　　　　　　• 하위 작업 분해 및 배분

애그리게이터 •　　　　　　　　　• 각 하위 작업 수행

2 다음 중 오케스트레이터-워커를 사용하기에 적절하지 <u>않은</u> 상황은?

① 단일 문장의 오탈자를 교정하거나 짧은 계산식을 처리하는 경우

② 서비스 장애의 원인을 다양한 측면에서 동시에 분석하는 경우

③ 긴 보고서를 작성하기 위해 하위 주제별 초안을 병렬로 작성하는 경우

④ 여행 계획을 세우기 위해 숙소 검색, 교통편 확인, 맛집 조사 작업을 나눠 수행하는 경우

3 다음 중 오케스트레이터-워커의 장점이 <u>아닌</u> 것은?

① 여러 전문 워커가 병렬로 작업을 수행할 수 있다.

② 복잡한 문제를 분할해 효율적으로 처리할 수 있다.

③ 오케스트레이터가 모든 작업을 직접 수행하므로 효율적이다.

④ 작업을 어떻게 나눠야 할지 알 수 없는 문제에 유연하게 대응할 수 있다.

4 다음 코드에서 LLM을 호출할 때 `chat.completions.create()` 대신 `responses.create()`를 사용한 이유를 설명하세요.

```python
# 웹 검색 LLM 호출 함수
async def llm_search_async(prompt: str, model: str = "gpt-4.1") -> str:
    response = await async_client.responses.create(
        model = model,
        input = prompt,
        tools = [{"type": "web_search_preview"}],
    )
```

◑ 계속

```
    return response.output_text
```

5 다음 코드에 대한 설명이 옳으면 ○, 틀리면 ×로 표시하세요.

```
# 오케스트레이터 프롬프트 생성
def get_orchestrator_prompt(user_query):
    return f"""
다음 사용자 질문을 분석한 뒤, 이를 3개 이내의 관련 하위 질문으로 분해해.
결과는 JSON 배열로 출력해.
JSON 배열 안의 각 하위 질문은 다음 형식을 따르는 JSON 객체로 만들어.
[
    {{
        "question": "하위 질문 1",
        "description": "이 하위 질문의 요지와 의도에 대한 설명"
    }},
    {{
        "question": "하위 질문 2",
        "description": "이 하위 질문의 요지와 의도에 대한 설명"
    }}
]

사용자 질문: {user_query}
"""
```

① get_orchestrator_prompt() 함수는 사용자의 질문을 분석해 직접 하위 질문을 생성한다. (　)

② 하위 질문을 JSON 배열 형식으로 출력하라는 지시가 프롬프트에 포함돼 있다. (　)

③ 프롬프트에서 각 하위 질문은 "question", "description"이라는 키를 가진 JSON 객체로 구성된다. (　)

6장
평가-최적화

이 장에서는 지속적인 피드백과 최적화 과정을 거쳐 결과물의 완성도를 높이는 평가-최적화 에이전트를 만듭니다.

6.1 평가-최적화 개요

6.1.1 평가-최적화의 개념

최고의 학습법이 무엇이냐고 묻는다면 필자는 **직접 해보는 것**이라고 주저 없이 답할 것입니다. 경험하면서 배우는 방식은 시행착오를 통해 즉각적인 피드백을 받을 수 있어 매우 효과적입니다. 특히 예상치 못한 이유로 실패했을 때 받는 피드백은 문제를 개선하는 데 큰 도움이 됩니다. 이는 자전거를 배울 때 수없이 넘어지면서 균형 잡는 법을 자연스럽게 익히는 것과 같습니다.

이와 마찬가지로 **평가-최적화**는 '시행착오를 통한 피드백과 개선'의 원리를 에이전트에 녹인 방식입니다. 2개의 LLM이 서로 피드백을 주고받으면서 작동함으로써 응답 품질이 점진적으로 향상됩니다.

그림 6-1 평가-최적화의 구조

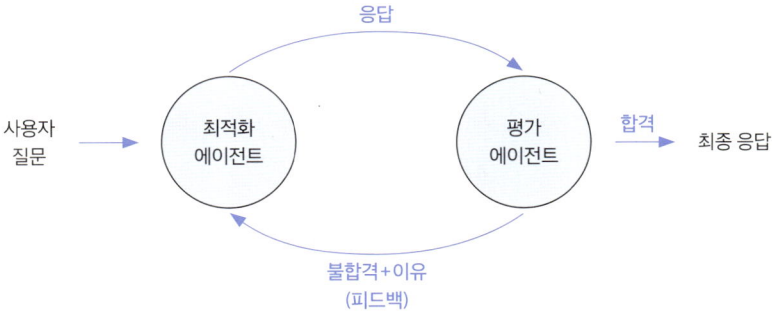

최적화 에이전트는 주어진 질문에 응답을 하고, 평가 에이전트의 피드백을 반영해 응답 품질을 개선하는 역할을 합니다. 지속적으로 응답 품질을 높이는 주체로 작동하기 때문에 **옵티마이저**(optimizer)라고도 합니다. 그리고 **평가 에이전트**는 최적화 에이전트의 응답을 검토하고, 사전에 정의된 기준에 따라 평가한 후 피드백을 합니다. 즉 최적화 에이전트가 어떤 부분을 집중적으로 개선할지 안내하는 **평가자**(evaluator) 역할을 합니다. 최적화 에이전트와 평가 에이전트는 반복적으로 상호작용하면서 피드백과 개선을 통해 최종 결론을 도출합니다.

6.1.2 평가-최적화의 장점

다음과 같은 평가-최적화의 장점은 에이전트의 성능을 한층 더 끌어올립니다.

즉각적인 품질 향상

평가-최적화는 최적화 에이전트가 생성한 응답을 바로 평가 에이전트가 교정하므로 즉각적인 품질 향상을 기대할 수 있습니다. 사용자의 질문 수준이 높더라도 평가, 피드백, 개선 과정을 반복해 응답을 정교하게 수정함으로써 목표하는 품질에 도달하게 됩니다.

시간과 비용 절감

평가-최적화는 사람이 직접 첨삭하거나 피드백하는 것이 아니라 에이전트 내부의 자동화된 평가·개선 구조를 통해 최종 응답을 도출합니다. 명확한 기준에 따라 평가가 자동으로 이뤄지므로 사람의 개입이 최소화되며, 반복적인 검토와 수정에 들어가는 시간과 비용을 줄일 수 있습니다.

환각 방지

LLM의 대표적인 단점은 **환각**(hallucination)입니다. 이는 사실이 아닌 내용을 마치 사실인 것처럼 답하는 현상으로, 평가-최적화는 이러한 환각 현상을 최소화합니다. 특히 평가 에이전트가 웹 검색을 할 수 있고 믿을 만한 데이터베이스 등의 외부 데이터에 접근 가능하다면 최적화 에이전트가 생성한 응답의 사실 여부를 검증해 개선을 요구할 수 있습니다. 평가-최적화는 환각을 방지하고 지속적으로 품질을 개선해 응답의 신뢰성이 높아집니다.

6.1.3 주요 활용 사례

평가-최적화는 코딩, 전문 분야 번역, 심층 리서치 등의 작업에 유용하게 활용됩니다.

코딩

코딩은 평가-최적화 구조가 가장 잘 드러나는 대표적인 예입니다. 먼저 최적화 에이전트가 사용자의 요구 사항에 따라 코드를 작성하면 평가 에이전트는 오류, 데이터 타입 적절성, 정상적 실행 여부 등을 점검하고, 문제가 발견되면 피드백을 제공해 수정과 개선을 요청합니다. 이 과정에서 평가 에이전트는 컴파일러(compiler)나 린터(linter) 등의 도구를 활용해 코드를 정밀하게 검토합니다.

그림 6-2 코딩의 예

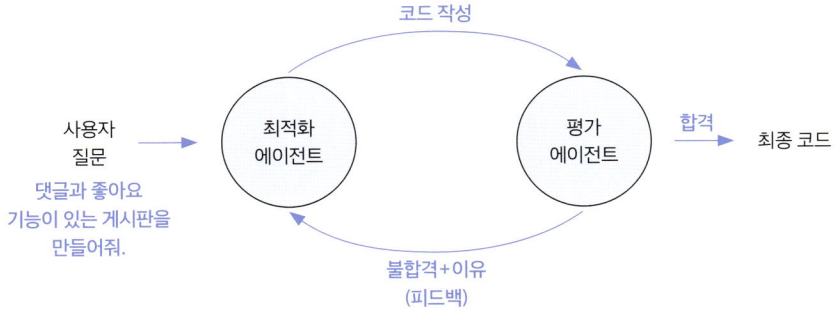

전문 분야 번역

문학 작품이나 기술 문서를 번역할 때 한 번의 작업으로 원문의 미묘한 뉘앙스, 맥락, 문체를 살리기 어렵습니다. 이러한 작업에 평가-최적화를 활용하면 최적화 에이전트가 1차 번역문을 생성하고, 평가 에이전트가 사전에 정의된 기준에 따라 용어의 일관성, 맥락, 문체 등을 점검해 피드백을 합니다. 그러면 최적화 에이전트가 피드백을 반영해 2차 번역문을 생성하며, 이러한 과정을 반복해 번역문의 품질을 높입니다.

그림 6-3 전문 번역의 예

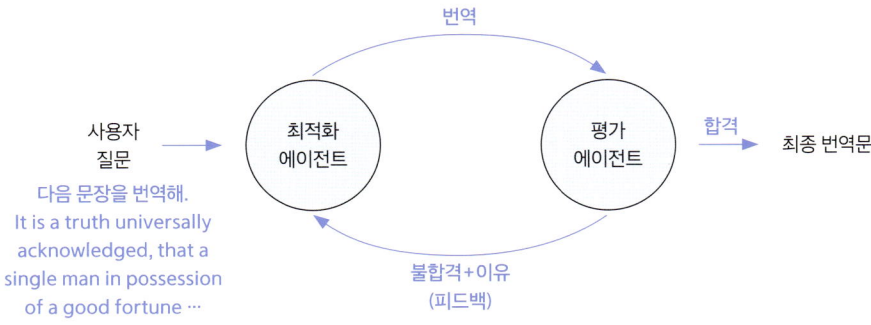

심층 리서치

다양한 자료를 토대로 보고서를 작성할 때도 평가-최적화 구조가 효과적입니다. 먼저 최적화 에이전트가 여러 출처의 자료를 수집하고 정리해 보고서 초안을 작성합니다. 그 후 평가 에이전트가 보고서 초안을 검토해 사용자의 요구를 충족하는지, 누락된 내용이 없는지, 추가 조사가 필요한지 등을 확인하고 피드백을 제공합니다. 이 피드백을 기반으로 최적화 에이전트는 추가 조사를 진행해 보고서를 보완하며, 이러한 과정을 반복해 최종적으로 정확하고 신뢰성 높은 보고서를 완성합니다.

그림 6-4 심층 리서치의 예

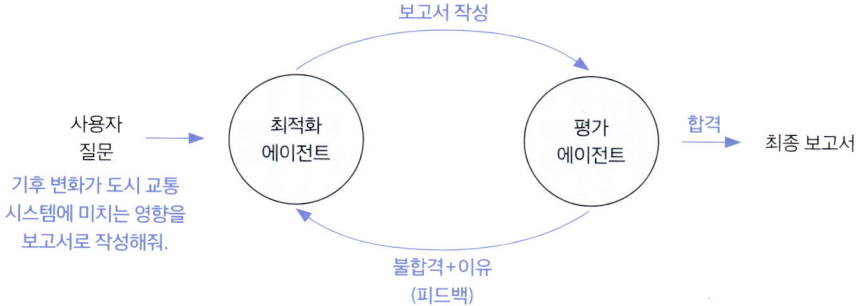

다음 절에서는 평가-최적화를 파이썬 코드로 구현하는 방법을 알아봅시다.

6.2 평가-최적화 에이전트 만들기

6.2.1 에이전트 미리 보기

원하는 기준에 부합할 때까지 내용을 요약해 최종 요약문을 출력하는 평가-최적화 에이전트를 구현해 보겠습니다.

그림 6-5 평가-최적화 에이전트의 작동 과정

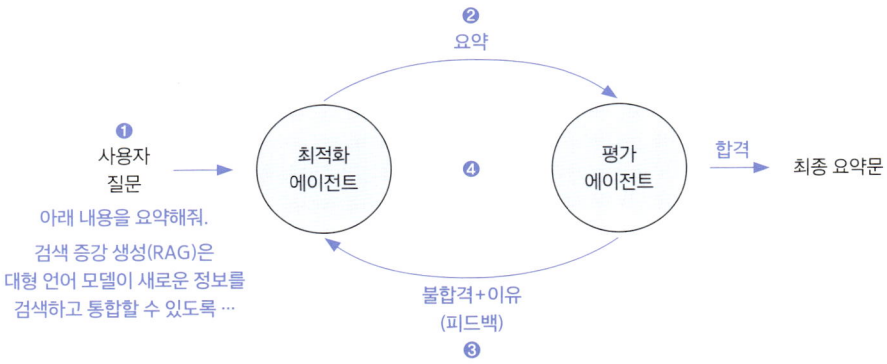

① **질문 입력:** 요약하고 싶은 내용을 입력합니다. 여기서는 위키백과의 검색 증강 생성(RAG, Retrieval-Augmented Generation)에 관한 글을 사용합니다.

② **요약 실행:** 최적화 에이전트가 원문을 요약합니다.

③ **요약 평가:** 평가 에이전트가 원문이 잘 요약됐는지 평가합니다. 요약문에 문제가 없다면 PASS를 출력하고, 다시 요약해야 한다면 FAIL과 함께 구체적인 이유가 담긴 피드백을 제공합니다.

④ **요약과 평가 반복:** 평가 결과가 FAIL인 경우에는 다시 최적화 에이전트가 요약하고 평가 에이전트가 평가 및 피드백을 합니다. 이 과정을 PASS가 나올 때까지 반복하며, PASS가 나오면 반복문을 종료하고 최종 요약문을 출력합니다.

6.2.2 단계별 구현하기

평가-최적화 에이전트를 구현해 봅시다. 가상 환경이 활성화되지 않았다면 다음과 같이 활성화합니다.

```
Terminal
> venv\scripts\activate  ------ 윈도우
> source venv/bin/activate  --- 맥OS
```

이 에이전트를 구현하려면 인터넷의 웹 데이터를 수집하는 데 사용하는 requests 패키지가 있어야 합니다. 다음 명령으로 requests 패키지를 설치합니다.

```
Terminal
> pip install requests
```

원문 요약하기

원문을 요약하는 기능부터 구현하겠습니다. **ch06_optimizer.py** 파일을 생성하고 다음 코드를 입력한 후 저장합니다.

ch06_optimizer.py
```python
import requests
from utils import llm_call

# ❶ 요약 함수 선언
def summarize_text(text):
    prompt = f"아래 내용을 요약해줘.\n원문: {text}"
    summary = llm_call(prompt)
    return summary

if __name__ == "__main__":

    # ❷ 원문 가져오기
    url = "https://raw.githubusercontent.com/dabidstudio/sample_files/refs/heads/main/sample_wiki_text.md"
    content = requests.get(url).text
    print("📜 원문(앞부분):\n", content[:300], "\n...")  # 첫 300자만 출력

    # ❸ 요약
    summary = summarize_text(content)
    print("\n💡 요약 결과:\n", summary)
```

❶ **요약 함수 선언**

- 최적화 에이전트 역할을 수행할 summarize_text() 함수를 선언합니다.
- 요약할 내용(text)과 지시문("아래 내용을 요약해줘.")을 결합해 프롬프트를 만듭니다.
- llm_call() 함수를 호출해 LLM이 텍스트를 요약하도록 요청하고, 그 결과를 반환합니다.

❷ **원문 가져오기**

- requests 패키지로 원문의 내용을 가져와 content 변수에 저장합니다.
- 원문은 검색 증강 생성에 관한 글로, Ctrl 을 누른 채 원문의 URL을 클릭하면 원문 전체를 확인할 수 있습니다.

그림 6-6 원문의 내용

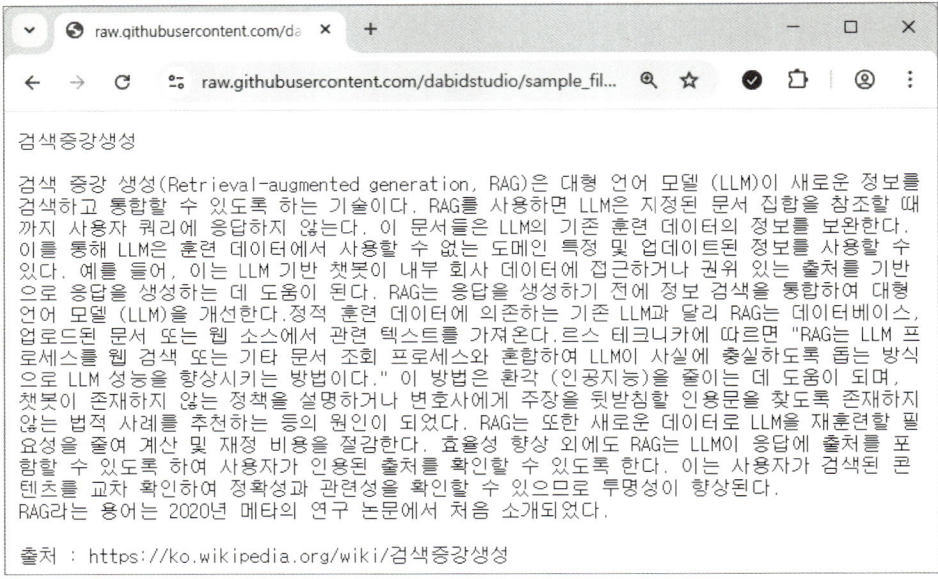

- 원문에서 첫 글자부터 300자까지 발췌해(content[:300]) print 문으로 출력합니다.

❸ **요약**

- summarize_text() 함수를 호출해 원문을 요약한 후 결과를 출력합니다.

python ch06_optimizer.py 명령으로 프로그램을 실행하면 원문의 앞부분과 요약 결과를 확인할 수 있습니다.

그림 6-7 실행 결과

```
● (venv) PS C:\Users\gilbut\Desktop\ai_agent> python ch06_optimizer.py
  📄 원문(앞부분):
  검색증강생성

  검색 증강 생성(Retrieval-augmented generation, RAG)은 대형 언어 모델 (LLM)이 새로운
  참조할 때까지 사용자 쿼리에 응답하지 않는다. 이 문서들은 LLM의 기존 훈련 데이터의 정
  정보를 사용할 수 있다. 예를 들어, 이는 LLM 기반 챗봇이 내부 회사 데이터에 접근하거나
  ...

  💡 요약 결과:
  검색 증강 생성(RAG)은 대형 언어 모델(LLM)이 새로운 정보를 검색하고 통합하는 기술로,
  한계를 넘어 도메인 특정 및 업데이트된 정보를 활용할 수 있으며, 내부 데이터나 신뢰할
  여 LLM의 성능을 개선하고 환각을 줄이며, 새로운 데이터로 LLM을 재훈련할 필요성을 줄여
  수 있게 한다. 이 용어는 2020년 메타의 연구 논문에서 처음 소개되었다.
```

요약문 평가하기

원문이 잘 요약됐는지 평가하기 위해 다음과 같이 코드를 추가하고 저장합니다.

ch06_optimizer.py

```python
import requests
from utils import llm_call

# 요약 함수 선언
(중략)

# ❶ 평가 기준 프롬프트 생성
EVALUATOR_PROMPT = """
평가 기준에 따라 다음 요약문을 엄격하게 심사해.

1. 형식:
- 여러 항목으로 된 개조식이어야 하며, 한 문장이라도 개조식이 아니면 무조건 FAIL

2. 내용:
- 정의 또는 원리, 주요 장점, 활용 예 등 3가지 핵심 요소가 모두 포함되면 PASS
- 사소한 세부 내용, 인용, 부연 설명 누락은 FAIL이 아님

3. 표현:
- 모든 항목은 짧고 명확해야 함
- 불필요한 수식, 반복문, 비문, 맞춤법/띄어쓰기 오류가 2개 이상이면 FAIL

위 기준 중 하나라도 미달이면 반드시 FAIL을 부여해.

응답 양식:
```

```
    - 평가 결과: PASS / FAIL
    - 문제점 및 개선 방향: (FAIL인 경우 구체적으로)
    """

# ❷ 평가 함수 선언
def evaluate_summary(content, summary):
    prompt = (
        f"{EVALUATOR_PROMPT}\n\n"
        f"<원문>\n{content}\n\n"
        f"<요약문>\n{summary}"
    )
    return llm_call(prompt)

if __name__ == "__main__":
    (중략)
    # 요약
    summary = summarize_text(content)
    print("\n💡 요약 결과\n", summary)

    # ❸ 평가
    evaluation = evaluate_summary(content, summary)
    print("\n🧑‍⚖️ 평가 결과:\n", evaluation)
```

❶ 평가 기준 프롬프트 생성

- 요약문의 형식, 내용, 표현에 대한 평가 기준을 작성합니다.

- 요약문의 형식은 여러 항목으로 구성된 개조식이어야 하며, 내용에 정의 또는 원리, 주요 장점, 활용 예가 모두 포함돼야 합니다. 또한 불필요한 수식, 반복문, 비문, 맞춤법/띄어쓰기 오류가 2개 이상 포함되면 안 됩니다.

- 평가를 수행해 모든 기준에 부합하면 PASS(합격)를 출력하고, 그렇지 못하면 FAIL(실패)과 함께 문제점과 개선 방향을 출력합니다.

❷ 평가 함수 선언

- 원문(content)과 요약문(summary)을 입력값으로 받아 최종 평가 결과를 반환하는 `evaluate_summary()` 함수를 선언합니다.

- 프롬프트에 구체적인 평가 기준, 원문, 요약문을 포함한 후, `llm_call()` 함수를 호출해 LLM이 요약문을 평가하도록 요청하고, 그 결과를 반환합니다.

❸ 평가

- evaluate_summary() 함수를 호출해 LLM이 생성한 요약문을 평가하고, 그 결과를 출력합니다.
- 평가 결과가 FAIL일 경우 요약문의 문제점과 개선 방향도 출력합니다.

프로그램을 실행하면 처음 요약하고 평가하는 것이므로 평가 결과가 FAIL입니다.

그림 6-8 실행 결과

```
● (venv) PS C:\Users\gilbut\Desktop\ai_agent> python ch06_optimizer.py
📄 원문(앞부분):
검색증강생성

검색 증강 생성(Retrieval-augmented generation, RAG)은 대형 언어 모델 (LLM)이 새로운
을 참조할 때까지 사용자 쿼리에 응답하지 않는다. 이 문서들은 LLM의 기존 훈련 데이터
트된 정보를 사용할 수 있다. 예를 들어, 이는 LLM 기반 챗봇이 내부 회사 데이터에 접근
...

💡 요약 결과:
  검색 증강 생성(RAG)은 대형 언어 모델(LLM)이 새로운 정보를 검색하고 통합할 수 있도
수 없는 도메인 특정 및 업데이트된 정보를 제공한다. RAG는 데이터베이스, 업로드된 문
이 신뢰할 수 있는 출처를 기반으로 응답을 생성하는 데 유용하다. 이 방법은 계산 비용을
기여한다. RAG는 2020년 메타의 연구 논문에서 처음 소개되었다.

⚖️ 평가 결과:
- 평가 결과: FAIL
- 문제점 및 개선 방향:
  1. 형식: 요약문이 개조식이 아니라 연속된 문장으로 작성되어 있어 형식 기준을 충족하
  2. 내용: 정의 및 주요 장점은 언급되었으나, 활용 예가 구체적으로 드러나지 않았습니
  3. 표현: 표현은 대체로 명확하지만, 문장의 흐름이 좋지 않아 일부 주제들이 중복적으
```

요약과 평가 반복하기

이제 요약과 평가를 반복해 요약문을 조금씩 개선해 보겠습니다. 다음과 같이 코드를 수정하되, '요약'과 '평가' 코드를 모두 삭제하고 '반복 워크플로 함수 실행'으로 대체합니다.

ch06_optimizer.py

```python
import requests
from utils import llm_call

# ❶ 요약 함수 수정
def summarize_text(text, feedback_history=None):
    if feedback_history:
        prompt = (
            f"아래 내용을 요약해줘.\n"
```

```python
                f"## 원문: {text}\n"
                f"## 이전 요약문 및 피드백 전체 기록:\n{feedback_history}\n"
                f"이전 피드백을 모두 참고해 평가 결과가 PASS가 되도록 요약문을 생성해."
        )
    else:
        prompt = f"아래 내용을 요약해줘.\n원문: {text}"
    summary = llm_call(prompt)
    return summary

# 평가 기준 프롬프트 생성
(중략)

# 평가 함수 선언
(중략)

# ❷ 반복 워크플로 함수 선언
def loop_workflow(content, max_retries=5):
    feedback_history = ""
    for i in range(max_retries):
        summary = summarize_text(content, feedback_history=feedback_history)
        evaluation = evaluate_summary(content, summary)
        print(f"\n요약 결과:\n{summary}\n")
        print(f"평가 결과:\n{evaluation}\n")
        if "평가 결과: PASS" in evaluation:
            print("✅ 통과! 최종 요약 반환\n", summary)
            return summary
        feedback_history += f"\n\n[시도 {i+1}]\n- 요약문:\n{summary}\n- 평가 피드백:\n{evaluation}\n"
    print("❌ 최대 시도 도달. 마지막 요약 반환")
    return summary

if __name__ == "__main__":

    # 원문 가져오기
    url = "https://raw.githubusercontent.com/dabidstudio/sample_files/refs/heads/main/sample_wiki_text.md"
    content = requests.get(url).text
    print("📜 원문(앞부분):\n", content[:300], "\n...")  # 처음 300자만 출력

    # ❸ 반복 워크플로 함수 실행
    loop_workflow(content, max_retries=5)
```

❶ **요약 함수 수정**

- 요약문의 평가 결과가 FAIL이면 그에 대한 피드백을 반영해 다시 요약문을 만들도록 summarize_text() 함수를 수정합니다.
- 피드백 없이 처음 요약할 때는(else: 문 이하) 피드백이 없는 상태로 프롬프트를 만들고, 두 번째부터는(if feedback_history: 문 이하) 이전에 생성된 요약문과 그에 대한 피드백을 프롬프트에 포함합니다.

❷ **반복 워크플로 함수 선언**

- 요약과 평가를 반복적으로 수행하는 loop_workflow() 함수를 선언합니다.
- 요약문의 평가 결과가 PASS이면 함수를 종료하고 마지막 요약문을 반환합니다.
- 평가 결과가 FAIL이면 해당 요약문과 평가 피드백을 합쳐 feedback_history 변수에 저장한 후 이를 활용해 다시 summarize_text() 함수를 호출합니다.
- 계속해서 FAIL이 나올 수 있기 때문에 max_retries라는 변수를 만들고 초깃값을 5로 설정해 최대 요약 횟수를 다섯 번으로 제한합니다.

❸ **반복 워크플로 함수 실행**

- '요약'과 '평가' 코드를 삭제하고 loop_workflow() 함수 실행 코드로 대체합니다.

프로그램을 실행하면 요약문이 평가를 통과할 때까지 평가 과정을 반복적으로 수행합니다. 평가 시 PASS가 나오면 반복을 종료하고 최종 요약문을 출력합니다. 그러나 최대 다섯 번 반복하도록 설정돼 있기 때문에 다섯 번 이내에 통과하지 못할 경우 반복이 종료되고 프로그램이 끝납니다.

그림 6-9 실행 결과

(a) 평가를 통과한 경우

```
평가 결과:
- 평가 결과: PASS
- 문제점 및 개선 방향: 해당 요약문은 형식, 내용, 표현 측면에서 모두 기준을 만족합니다.
하게 표현되어 있으며, 맞춤법이나 띄어쓰기 오류도 없습니다. 따라서 PASS입니다.

✅ 통과! 최종 요약 반환
 ## 요약문

- **정의**: 검색 증강 생성(RAG)은 대형 언어 모델(LLM)이 새로운 정보를 검색하고 통합하는

- **원리**: RAG는 LLM이 사용자 쿼리에 응답하기 전에 지정된 문서 집합을 참조하여 도메인

- **주요 장점**:
  1. **환각 현상 감소**: 사실 기반 응답을 통해 잘못된 정보 생성을 줄인다.
  2. **비용 절감**: LLM을 새로운 데이터로 재훈련할 필요성을 줄여 계산 비용과 재정 부담
  3. **투명성 향상**: 응답에 출처를 포함시켜 사용자가 정보의 정확성을 확인할 수 있도록
```

(b) 끝까지 평가를 통과하지 못한 경우

```
평가 결과:
- 평가 결과: FAIL
- 문제점 및 개선 방향:
  1. 형식 면에서 "작동 방식"과 "장점" 항목이 중복되고 여러 세부 항목으로 나누어지지
  2. 표현 면에서 "LLM이 훈련 데이터에 없는 최신 정보를 활용할 수 있게 합니다."와 같
  3. 마지막 항목 "역사"에 대한 설명은 필요 없으며, 이로 인해 요약의 초점이 흐트러졌

개선 방향으로는 각 항목을 개조식으로 다듬고, 짧고 명확하게 중복되는 내용을 수정하여

✘ 최대 시도 도달. 마지막 요약 반환
```

6.3 에이전트 UI 완성하기

평가-최적화 에이전트에 사용자 친화적인 웹 UI를 추가해 프로그램을 완성해 봅시다.

6.3.1 UI 미리 보기

평가-최적화 에이전트의 실행 화면은 크게 세 부분으로 나뉩니다.

그림 6-10 평가-최적화 에이전트의 웹 실행 화면

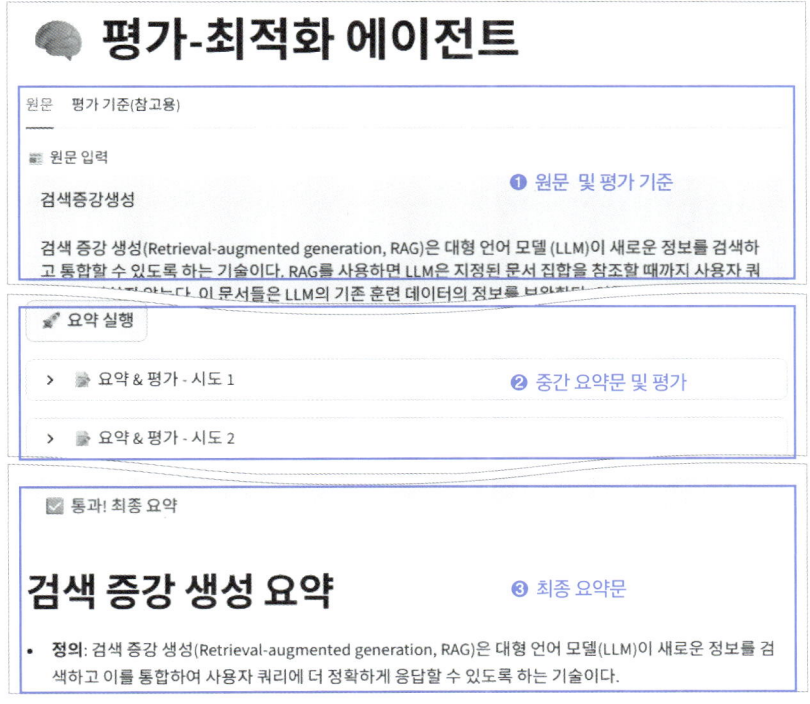

❶ **원문 및 평가 기준**: 요약할 원문과 평가 기준을 각각의 탭으로 나눠 보여줍니다. 원문은 텍스트 창을 클릭해 새로 입력할 수 있습니다.

❷ **중간 요약문 및 평가**: [요약 실행] 버튼을 클릭하면 요약이 진행되고, 최종 요약문을 완성할

때까지의 중간 요약문과 단계별 평가 결과를 순차적으로 보여줍니다.

❸ **최종 요약문:** 평가를 통과한 최종 요약문을 출력합니다.

6.3.2 UI 완성하기

지면 관계상 코드를 두 부분으로 나눠 설명하겠습니다.

주요 함수 재사용

ch06_optimizer_ui.py 파일을 생성하고 다음 코드를 입력한 후 저장합니다. 앞에서 구현한 summarize_text(), evaluate_summary() 함수를 그대로 재사용합니다.

```python
# ch06_optimizer_ui.py
import streamlit as st
import requests
from utils import llm_call

# 주요 함수 재사용
def summarize_text(text, feedback_history=None):
    if feedback_history:
        prompt = (
            f"아래 내용을 요약해줘.\n"
            f"## {text}\n"
            f"## 이전 요약문 및 피드백 전체 기록\n{feedback_history}\n"
            f"평가 결과가 PASS가 되도록 이전 피드백을 모두 참고해 요약문을 생성해."
        )
    else:
        prompt = f"아래 내용을 요약해줘.\n{text}"
    return llm_call(prompt)

EVALUATOR_PROMPT = """
평가 기준에 따라 다음 요약문을 엄격하게 심사해.

1. 형식:
- 여러 항목으로 된 개조식이어야 하며, 한 문장이라도 개조식이 아니면 무조건 FAIL

2. 내용:
- 정의 또는 원리, 주요 장점, 활용 예 등 3가지 핵심 요소가 모두 포함되면 PASS
- 사소한 세부 내용, 인용, 부연 설명 누락은 FAIL이 아님

3. 표현:
```

- 모든 항목은 짧고 명확해야 함
- 불필요한 수식, 반복문, 비문, 맞춤법/띄어쓰기 오류가 2개 이상이면 FAIL

위 기준 중 하나라도 미달이면 반드시 FAIL을 부여해.

응답 양식:
- 평가 결과: PASS / FAIL
- 문제점 및 개선 방향: (FAIL인 경우 구체적으로)
"""

```python
def evaluate_summary(content, summary):
    prompt = (
        f"{EVALUATOR_PROMPT}\n\n"
        f"<원문>\n{content}\n\n"
        f"<요약문>\n{summary}"
    )
    return llm_call(prompt)
```

반복 워크플로 함수 수정

기존 loop_workflow() 함수에 웹 화면 UI를 추가해 loop_workflow_ui() 함수로 수정하고, 메인 함수에서 에이전트를 실행합니다.

ch06_optimizer_ui.py

```python
def evaluate_summary(content, summary):
    (중략)
    return llm_call(prompt)


# ❶ 반복 워크플로 함수 수정
def loop_workflow_ui(content, max_retries=5):
    feedback_history = ""
    last_summary = None
    last_evaluation = None

    for retries in range(max_retries):
        summary = summarize_text(content, feedback_history=feedback_history)
        evaluation = evaluate_summary(content, summary)
        last_summary = summary
        last_evaluation = evaluation

        # 중간 요약문과 평가 결과 출력
        with st.expander(f"📝 요약 & 평가 - 시도 {retries+1}", expanded=False):
```

```python
            st.markdown(f"**[요약문]**\n\n{summary}\n\n**[평가 결과]**\n\n{evaluation}")

            # 평가를 통과한 경우
            if "평가 결과: PASS" in evaluation:
                st.success("✅ 통과! 최종 요약")
                st.markdown(summary)
                with st.expander(f"🔍 평가 결과 - 시도 {retries+1}", expanded=True):
                    st.markdown(evaluation)
                return summary
            feedback_history += f"\n\n[시도: {retries+1}]\n- 요약문:\n{summary}\n- 평가 피드백:\n{evaluation}\n"

        # 최대 요약 횟수를 모두 소진한 경우
        st.warning("❌ 최대 시도 도달! 평가를 통과한 요약이 없습니다.")
        with st.expander("➖ [최종 FAIL 시 요약문 & 마지막 평가 결과]", expanded=True):
            st.markdown(f"**[최종 FAIL 시 요약문]**\n\n{last_summary}\n\n**[마지막 평가 결과]**\n\n{last_evaluation}")
        return last_summary

def main():
    st.title("🤖 평가-최적화 에이전트")

    # ❷ 원문 입력 및 평가 기준 표시
    default_url = "https://raw.githubusercontent.com/dabidstudio/sample_files/refs/heads/main/sample_wiki_text.md"
    default_content = requests.get(default_url).text

    tabs = st.tabs(["원문", "평가 기준(참고용)"])
    with tabs[0]:
        content = st.text_area("📄 원문 입력", height=500, value=default_content)
    with tabs[1]:
        st.write(EVALUATOR_PROMPT)

    # ❸ 에이전트 실행
    if st.button("🚀 요약 실행"):
        with st.spinner("에이전트가 반복적으로 요약하는 중입니다..."):
            loop_workflow_ui(content, max_retries=5)

if __name__ == "__main__":
    main()
```

❶ **반복 워크플로 함수 수정**

- 필요시 사용자가 단계별 요약문과 평가 결과를 펼쳐볼 수 있도록 `st.expander()`를 이용해 설정합니다.
- 평가를 통과하면 `st.success()`와 `st.markdown()`으로 최종 요약문을 화면에 표시합니다.
  - `st.success()`: 성공 메시지나 알림을 강조해서 보여줄 때 사용합니다. 초록색 상자에 체크 기호와 함께 출력 메시지가 표시됩니다.
  - `st.markdown()`: 마크다운 문법을 활용해 텍스트를 꾸미거나 링크, 리스트, 강조 등을 표현할 때 사용합니다.
- 요약 시도가 최대 반복 횟수를 초과할 경우 안내 문구를 표시합니다. 반복이 모두 끝날 때까지 평가를 통과하지 못하면(FAIL 상태로 종료되면) 마지막 요약문과 평가 결과를 출력합니다.

❷ **원문 입력 및 평가 기준 표시**

- `st.tabs()`는 여러 개의 탭을 만들어 각기 다른 내용을 한 화면에서 구분해 표시할 때 사용합니다. 이를 이용해 원문 입력창과 평가 기준을 보여주는 창을 구분해 표시합니다.
- `st.text_area()`는 여러 줄의 텍스트 입력란을 만들 때 사용합니다. 사용자가 요약하고 싶은 내용을 직접 입력할 수 있도록 `st.text_area()`로 여러 줄 입력이 가능한 텍스트 입력창을 만듭니다.

❸ **에이전트 실행**

- [요약 실행] 버튼을 클릭하면 `loop_workflow_ui()` 함수가 실행되며, 요약과 평가를 반복한 후 최종 요약문을 출력합니다.

`streamlit run ch06_optimizer_ui.py` 명령으로 프로그램을 실행합니다. [요약 실행] 버튼을 클릭하면 '요약 & 평가 - 시도'가 1, 2, 3, ⋯ 순으로 반복 수행되다가 평가에서 PASS가 나오면 반복이 종료되고 최종 요약문이 출력됩니다. 모든 반복이 끝나도 FAIL이 나올 수 있습니다.

그림 6-11 평가 결과가 PASS인 경우

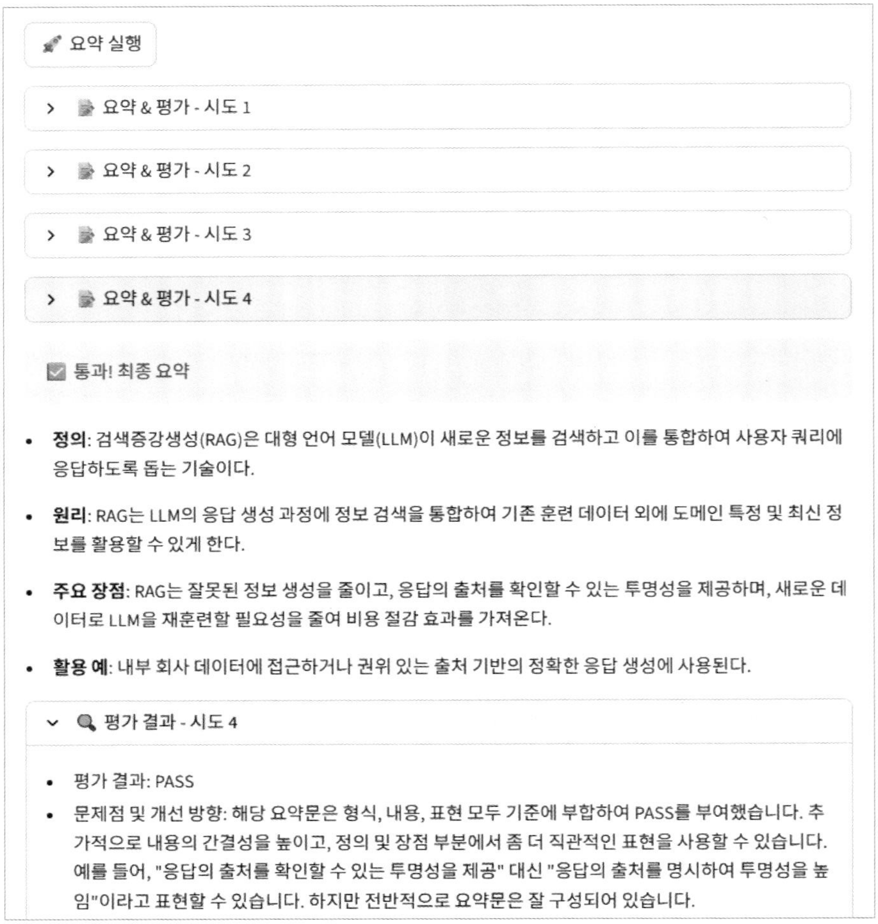

> ✏️ 요약 실행
>
> > 📄 요약 & 평가 - 시도 1
> > 📄 요약 & 평가 - 시도 2
> > 📄 요약 & 평가 - 시도 3
> > 📄 요약 & 평가 - 시도 4
>
> ✅ 통과! 최종 요약
>
> - **정의**: 검색증강생성(RAG)은 대형 언어 모델(LLM)이 새로운 정보를 검색하고 이를 통합하여 사용자 쿼리에 응답하도록 돕는 기술이다.
> - **원리**: RAG는 LLM의 응답 생성 과정에 정보 검색을 통합하여 기존 훈련 데이터 외에 도메인 특정 및 최신 정보를 활용할 수 있게 한다.
> - **주요 장점**: RAG는 잘못된 정보 생성을 줄이고, 응답의 출처를 확인할 수 있는 투명성을 제공하며, 새로운 데이터로 LLM을 재훈련할 필요성을 줄여 비용 절감 효과를 가져온다.
> - **활용 예**: 내부 회사 데이터에 접근하거나 권위 있는 출처 기반의 정확한 응답 생성에 사용된다.
>
> 🔍 평가 결과 - 시도 4
>
> - 평가 결과: PASS
> - 문제점 및 개선 방향: 해당 요약문은 형식, 내용, 표현 모두 기준에 부합하여 PASS를 부여했습니다. 추가적으로 내용의 간결성을 높이고, 정의 및 장점 부분에서 좀 더 직관적인 표현을 사용할 수 있습니다. 예를 들어, "응답의 출처를 확인할 수 있는 투명성을 제공" 대신 "응답의 출처를 명시하여 투명성을 높임"이라고 표현할 수 있습니다. 하지만 전반적으로 요약문은 잘 구성되어 있습니다.

1. 평가-최적화의 개념

① 평가-최적화는 최적화 에이전트가 질문에 대한 응답을 생성하고 평가 에이전트가 응답을 평가해 피드백을 제공하는 방식으로 작동합니다. 그리고 최적화 에이전트가 이 피드백을 반영해 응답을 수정 및 개선하며, 이러한 과정을 여러 차례 반복해 최종 응답의 품질을 높입니다.

② 평가-최적화는 최적화 에이전트가 생성한 응답을 평가 에이전트가 즉시 교정함으로써 응답의 품질을 빠르게 향상할 수 있습니다. 또한 에이전트 내부의 자동화된 평가·개선 구조를 통해 응답 검토 및 수정에 드는 시간과 비용을 줄일 수 있습니다. 아울러 웹 검색이나 외부 데이터를 활용해 응답을 검증함으로써 환각 현상을 최소화할 수 있습니다.

2. 반복 워크플로 함수

① 최적화 에이전트의 요약과 평가 에이전트의 평가를 번갈아 수행하며 평가 결과가 PASS일 때까지 반복적으로 실행하는 함수입니다. 에이전트가 스스로 응답을 생성하고 그 결과를 개선하는 평가-최적화 구조의 핵심 메커니즘을 담고 있습니다.

② 평가 결과가 FAIL이면 이전 요약문과 피드백 내용을 다음 반복 작업에 반영해 점진적으로 응답의 품질을 높입니다.

③ 요약 및 평가 과정의 반복을 최대 다섯 번으로 제한하기 위해 max_retries 변수를 만들고 초깃값을 5로 설정합니다.

```python
# 반복 워크플로 함수
def loop_workflow(content, max_retries=5):
    feedback_history = ""
    for i in range(max_retries):
        summary = summarize_text(content, feedback_history=feedback_history)
        evaluation = evaluate_summary(content, summary)
        print(f"\n요약 결과:\n{summary}\n")
```

```
            print(f"평가 결과:\n{evaluation}\n")
            if "평가 결과: PASS" in evaluation:
                print("✅ 통과! 최종 요약 반환\n", summary)
                return summary
            feedback_history += f"\n\n[시도 {i+1}]\n- 요약문:\n{summary}\n- 평가 피드백:
                                \n{evaluation}\n"
    print("❌ 최대 시도 도달. 마지막 요약 반환")
    return summary
```

정리하기 퀴즈

▶ 정답 223쪽

1. 다음 빈칸에 공통으로 들어갈 용어를 쓰세요.

   - (①)은/는 주어진 질문에 응답을 하고, (②)의 피드백을 반영해 응답 품질을 개선한다. 지속적으로 응답 품질을 높이는 주체로 작동하기 때문에 옵티마이저라고도 한다.
   - (②)은/는 (①)의 응답을 검토하고, 사전에 정의된 기준에 따라 평가한 후 피드백을 한다. (①)이/가 어떤 부분을 집중적으로 개선할지 안내하는 평가자 역할을 한다.

   ① _____   ② _____

2. 평가-최적화에서 응답에 대한 피드백과 수정을 여러 번 반복하는 이유는 무엇인가?

3. 다음 중 평가-최적화의 장점에 해당하는 것은?

   ① 여러 작업을 병렬로 처리할 수 있다.
   ② 즉각적인 품질 향상과 개선이 가능하다.
   ③ 실행 속도가 빠르고 비용이 거의 들지 않는다.
   ④ 모델의 응답을 무작위로 다양하게 받을 수 있다.

4. 평가-최적화에서 이전 피드백 내용을 저장하는 이유는 무엇인가?

◑ 계속

5 다음 코드에 대한 설명이 옳으면 ○, 틀리면 ×로 표시하세요.

```python
# 반복 워크플로 함수
def loop_workflow(content, max_retries=5):
    feedback_history = ""
    for i in range(max_retries):
        summary = summarize_text(content, feedback_history=feedback_history)
        evaluation = evaluate_summary(content, summary)
        print(f"\n요약 결과:\n{summary}\n")
        print(f"평가 결과:\n{evaluation}\n")
        if "평가 결과: PASS" in evaluation:
            print("✅ 통과! 최종 요약 반환\n", summary)
            return summary
        feedback_history += f"\n\n[시도 {i+1}]\n- 요약문:\n{summary}\n- 평가 피드백:\n{evaluation}\n"
    print("❌ 최대 시도 도달. 마지막 요약 반환")
    return summary
```

① loop_workflow( ) 함수는 요약과 평가를 한 번만 수행하고 종료한다. (　)

② "평가 결과: PASS"라는 문구가 포함되면 평가를 통과한 것으로 간주하고 반복을 종료한다. (　)

③ feedback_history 변수는 각 시도에서 생성된 요약문과 평가 피드백을 누적해 저장한다. (　)

④ 끝까지 평가를 통과하지 못할 경우 마지막 요약문을 반환하지 않는다. (　)

⑤ 평가-최적화의 기본 구조인 응답 생성→평가→피드백→개선의 순환 과정을 담고 있다. (　)

부록
스트림릿 기본 사용법

부록에서는 웹 화면의 UI를 만드는 기술인 스트림릿의 기본 문법을 살펴봅니다.

A.1 스트림릿 개요

A.1.1 스트림릿 소개

스트림릿은 웹 화면을 손쉽게 만들 수 있도록 지원하는 파이썬 패키지입니다. 스트림릿을 이용하면 파이썬 코드로 웹 UI를 구현하고 그 결과를 실시간으로 확인할 수 있습니다. 스트림릿 공식 홈페이지(https://streamlit.io)에서는 이를 '프론트엔드 개발 경험이 없어도 웹 화면을 쉽게 제작할 수 있는 기술'로 소개하고 있습니다.

그림 A-1 스트림릿 공식 홈페이지의 소개

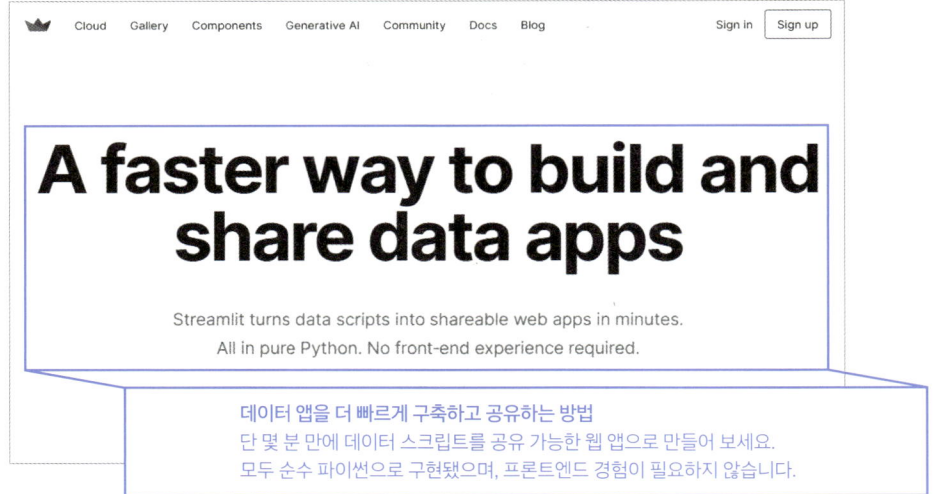

스트림릿 깃허브(https://github.com/streamlit/streamlit)에서도 '왜 스트림릿을 선택하는가?(Why choose Streamlit?)'라는 제목 하단에서 스트림릿의 장점을 확인할 수 있습니다. 그 설명에 따르면 스트림릿은 직관적이고 간결한 파이썬 코드를 사용하고(Simple and Pythonic), 빠른 프로토타입 제작이 가능합니다(Fast, interactive prototyping). 또한 코드를 수정할 때 앱이 업데이트돼 결과를 바로 확인할 수 있고(Live editing), 오픈 소스이자 무료로 제공됩니다(Open-source and free).

그림 A-2 '왜 스트림릿을 선택하는가?' 화면

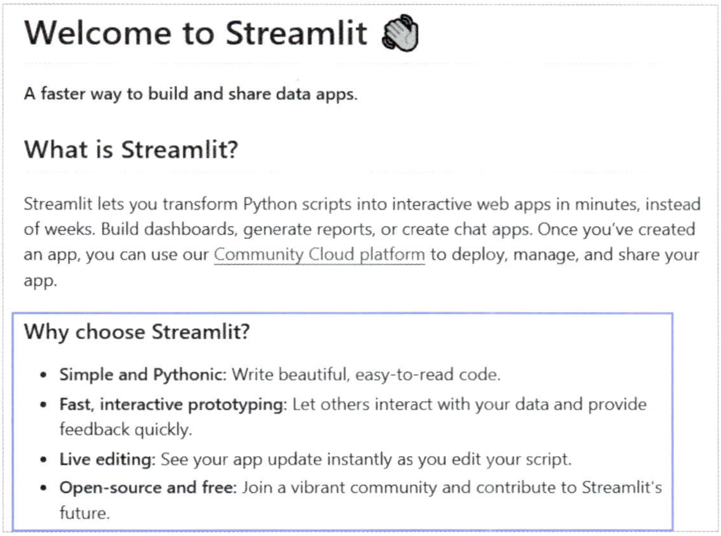

> **Welcome to Streamlit** 👋
>
> A faster way to build and share data apps.
>
> **What is Streamlit?**
>
> Streamlit lets you transform Python scripts into interactive web apps in minutes, instead of weeks. Build dashboards, generate reports, or create chat apps. Once you've created an app, you can use our Community Cloud platform to deploy, manage, and share your app.
>
> **Why choose Streamlit?**
> - **Simple and Pythonic**: Write beautiful, easy-to-read code.
> - **Fast, interactive prototyping**: Let others interact with your data and provide feedback quickly.
> - **Live editing**: See your app update instantly as you edit your script.
> - **Open-source and free**: Join a vibrant community and contribute to Streamlit's future.

어떤 기술에 대해 알고 싶다면 공식 홈페이지나 깃허브에서 소개글을 읽어보세요. 보통은 기술을 개발한 사람이 해당 기술이 무엇인지, 어떤 특징이 있는지 등을 잘 정리해놓은 글이 실려 있습니다.

A.1.2 스트림릿 파일 생성하고 실행하기

첫 스트림릿 파일을 생성하고 실행해 봅시다. 먼저 가상 환경을 활성화합니다.

```
Terminal
> venv\scripts\activate    ------ 윈도우
> source venv/bin/activate  --- 맥OS
```

ai_agent 폴더에 **dev_appendix_1.py** 파일을 생성하고 다음 코드를 입력한 후 저장합니다.

```python
import streamlit as st

# 인사말 출력
st.write("안녕하세요")
```

터미널에 스트림릿 실행 명령을 입력해 코드를 실행합니다.

```
Terminal
> streamlit run dev_appendix_1.py
```

웹 브라우저가 실행되고 '안녕하세요'라고 표시된 웹 페이지가 뜹니다.

그림 A-3 실행 화면

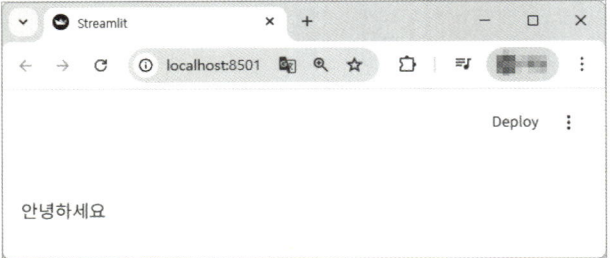

VSCode와 웹 브라우저를 왔다 갔다 하지 않고 VSCode에서 바로 웹 브라우저를 볼 수 있도록 설정하겠습니다. 스트림릿이 실행 중인 터미널에서 ❶ Local URL 주소인 **http://localhost:8501**을 복사합니다. ❷ Ctrl + Shift + P (맥OS는 command + shift + P)를 눌러 커맨드 팔레트를 띄우고, ❸ **Simple Browser**를 검색해 목록에서 선택합니다.

🤖 TIP Local URL의 포트 번호(8501)는 컴퓨터마다 다를 수 있으며, 그대로 복사하면 됩니다.

그림 A-4 Simple Browser 선택

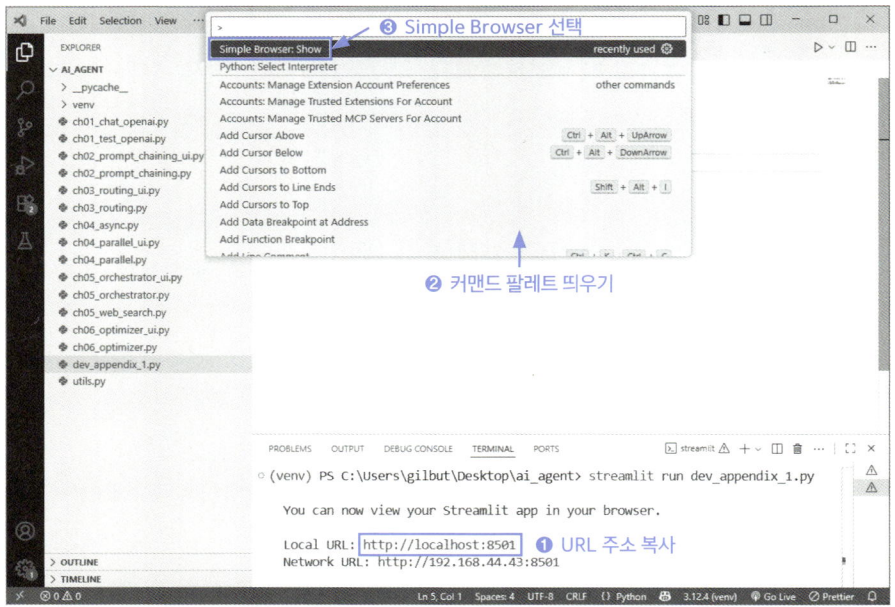

Enter url to visit 창이 나타나면 앞서 복사한 로컬 서버 주소(**http://localhost:8501**)를 붙여넣고 Enter 를 누릅니다.

그림 A-5 Local URL 주소 붙여넣기

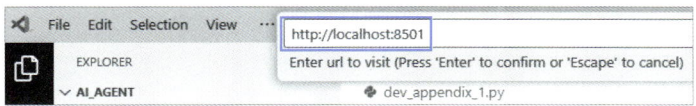

그러면 코드 편집기에 [Simple Browser] 탭이 추가됩니다. 이는 VSCode의 도구 중 하나로, VSCode 안에서 웹 브라우저를 실행할 수 있게 합니다. [Simple Browser] 탭을 클릭한 상태에서 오른쪽 아래로 드래그해 파란색 음영이 [dev_appendix_1.py] 탭의 오른쪽에 표시되도록 배치한 뒤 마우스 버튼을 놓습니다.

그림 A-6 Simple Browser 화면 배치

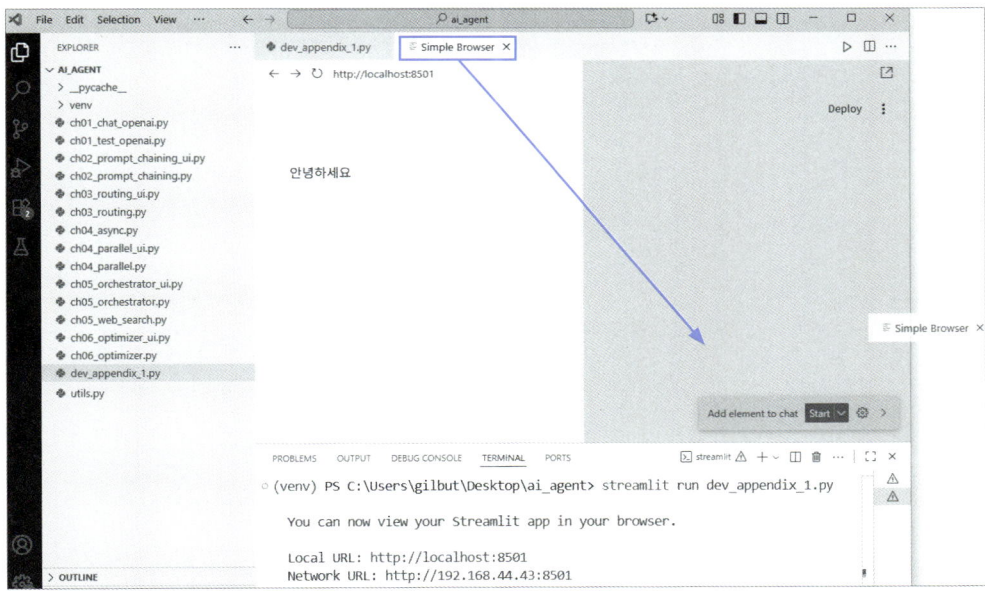

[Simple Browser] 탭이 [dev_appendix_1.py] 탭 오른쪽에 나란히 배치됩니다.

그림 A-7 Simple Browser 화면 배치 완료

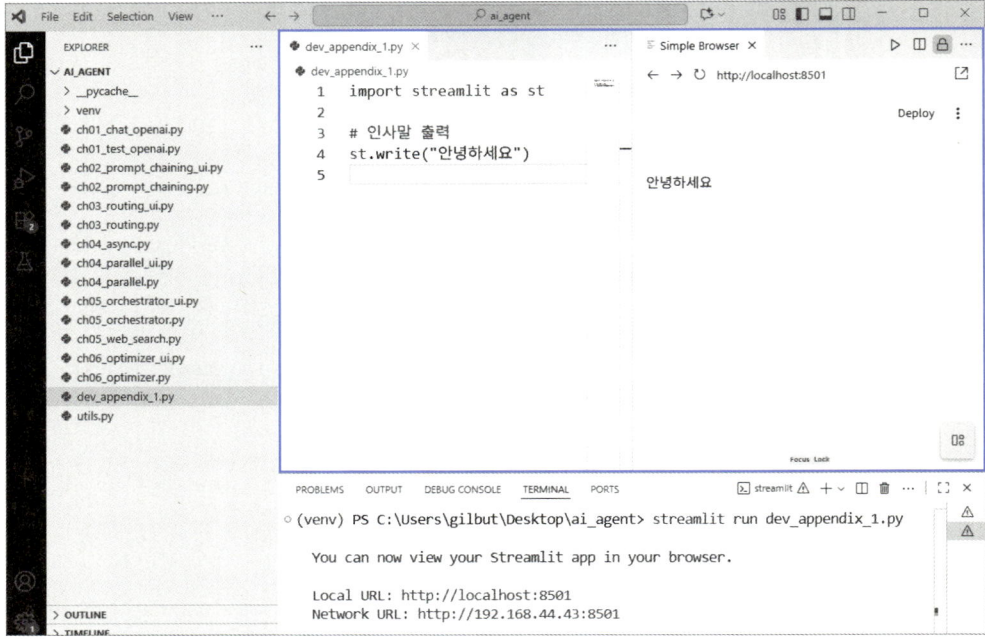

코드의 인사말을 "안녕하세요"에서 "안녕!"으로 수정하고 Ctrl + S 를 눌러 저장합니다. Simple Browser의 상단에 메뉴가 나타나면 **Always rerun**을 클릭합니다.

그림 A-8 코드 수정

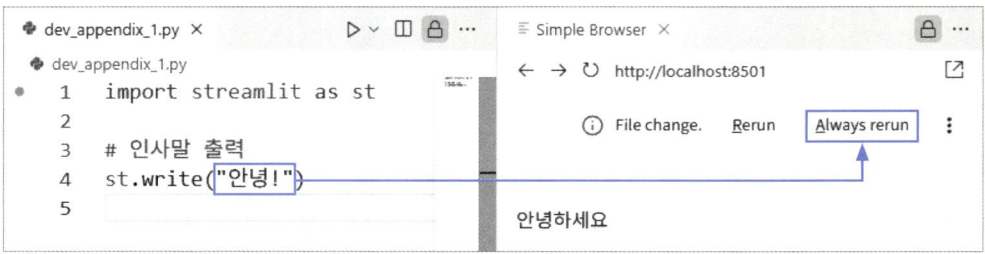

Simple Browser의 텍스트가 "안녕!"으로 바뀝니다.

그림 A-9 결과 확인

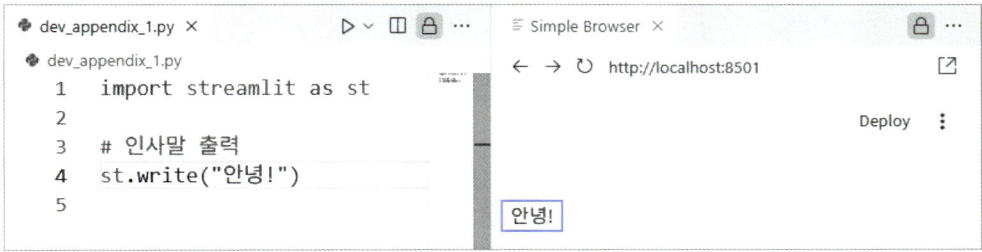

다시 "안녕!"을 "안녕! 친구야"로 수정하고 저장합니다. 앞서 Always rerun으로 설정했기 때문에 웹 페이지의 텍스트가 자동으로 바뀝니다.

그림 A-10 코드 변경 자동 반영

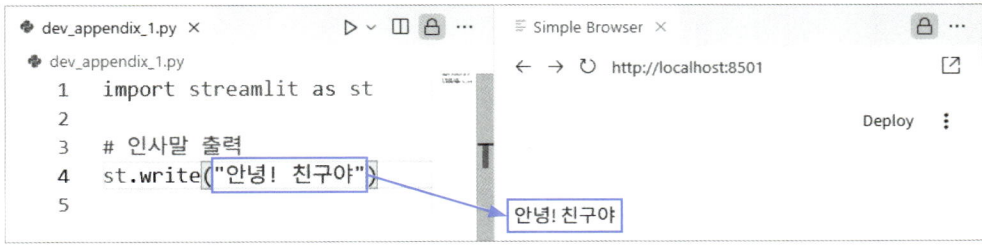

A.2 텍스트 출력하기

스트림릿 실습 환경을 설정했으니 가장 기본적이면서도 중요한 텍스트 출력부터 배워봅시다. 앞서 생성한 **dev_appendix_1.py** 파일에서 계속 실습을 진행합니다.

A.2.1 기본 텍스트 출력하기

스트림릿에서 기본 텍스트를 출력할 때는 st.text() 명령을 이용합니다. 괄호 안에는 따옴표로 감싼 문자열 또는 문자열이 저장된 변수를 입력합니다.

```python
# 인사말 출력
(중략)
# 텍스트 출력
st.text("이건 그냥 텍스트")
my_text = "이건 변수에 저장한 텍스트"
st.text(my_text)
```

그림 A-11 실행 결과

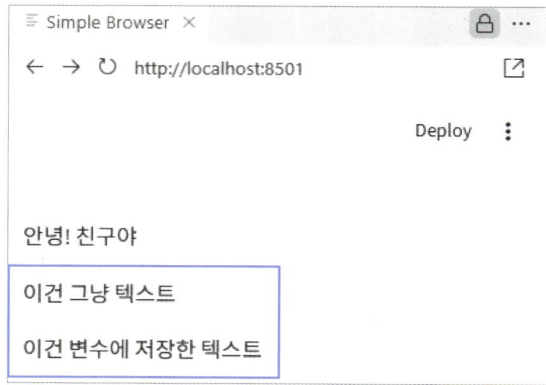

A.2.2 마크다운 출력하기

일부 텍스트를 강조하기 위해 볼드나 이탤릭을 적용하고 싶을 때는 마크다운을 사용합니다. **마크다운**은 *, **, # 등의 기호를 이용해 텍스트에 서식을 부여하는 문법입니다. 마크다운으로 표현할 수 있는 서식은 볼드(bold), 이탤릭(Italic), 글머리 기호(bullet), 제목(heading), 표(table) 등입니다.

표 A-1 서식별 마크다운

서식	마크다운	예
볼드	**	**굵은 글씨**
이탤릭	*	*기울임*
글머리 기호	-	- 항목1 - 항목2
제목	#	# 제목1(가장 큰 제목, heading1) ## 제목2(중간 제목, heading2) ### 제목3(가장 작은 제목, heading3)
표	|, -	| 열 제목 1 | 열 제목 2 | 열 제목 3 | |--------|--------|--------| | 데이터1 | 데이터2 | 데이터3 |

물론 이러한 서식은 MS워드 같은 프로그램으로 작성할 수 있지만, 서식 그대로 다른 프로그램으로 옮기기가 어렵습니다. 이럴 때 마크다운을 사용하면 각종 서식을 텍스트 기호로 저장할 수 있어 프로그램에 상관없이 쉽게 옮길 수 있습니다.

마크다운된 텍스트는 `st.markdown()` 명령으로 표시합니다.

```
# 텍스트 출력
(중략)
# 마크다운 출력
st.markdown("어떤 글씨는 **볼드**로, 어떤 글씨는 *이탤릭*으로 표시할게.")
```

그림 A-12 실행 결과

> 어떤 글씨는 **볼드**로, 어떤 글씨는 *이탤릭*으로 표시할게.

마크다운으로 표를 출력할 때는 |와 -를 사용하며, 각 행은 줄바꿈으로 구분합니다.

```python
# 마크다운 출력
st.markdown("어떤 글씨는 **볼드**로, 어떤 글씨는 *이탤릭*으로 표시할게.")
st.markdown("""
| 이름   | 나이  | 직업          |
|--------|-------|---------------|
| 홍길동 | 25    | 개발자        |
| 김철수 | 30    | 데이터 분석가 |
| 이영희 | 28    | 디자이너      |
""")
```

그림 A-13 실행 결과

이름	나이	직업
홍길동	25	개발자
김철수	30	데이터 분석가
이영희	28	디자이너

A.2.3 제목 출력하기

기본 텍스트가 아닌 제목을 출력할 때는 st.title(), st.header(), st.subheader() 중 하나를 사용합니다. 셋 다 제목을 출력하지만 제목 크기가 다릅니다. st.title()의 제목이 가장 크고 st.header(), st.subheader() 순으로 크기가 작아지며, 강조하고 싶은 제목 수준에 맞게 선택하면 됩니다.

다음 코드를 실행한 후 마지막 줄의 기본 텍스트와 각 제목의 크기를 비교해 보세요.

```python
# 마크다운 출력
(중략)
# 제목 출력
st.title("제목")
st.header("1장")
st.subheader("1절")
st.text("안녕") # 기본 텍스트
```

그림 A-14 실행 결과

제목

1장

1절

안녕

A.2.4 만능 출력 함수 사용하기

지금까지 기본 텍스트, 마크다운, 제목 출력 방법을 살펴봤습니다. 그런데 이 모든 것을 아우르는 함수가 있습니다. 바로 **st.write()**입니다. st.write()만으로도 스트림릿에서 웬만한 텍스트를 모두 출력할 수 있습니다.

기본 텍스트 출력하기

st.write()는 st.text()처럼 기본 텍스트를 출력합니다. 사용법도 st.text()와 동일합니다.

```
# 제목 출력
(중략)
# st.write(): 기본 텍스트 출력
st.write("이건 그냥 텍스트")
my_text = "이건 변수에 저장한 텍스트"
st.write(my_text)
```

그림 A-15 실행 결과

```
이건 그냥 텍스트
이건 변수에 저장한 텍스트
```

마크다운 출력하기

st.write()는 마크다운 문법을 인식하기 때문에 마크다운 형식의 텍스트를 그대로 전달해도 올바르게 출력됩니다.

```
# st.write(): 기본 텍스트 출력
(중략)
# st.write(): 마크다운 출력
st.write("어떤 글씨는 **볼드**로, 어떤 글씨는 *이탤릭*으로 표시할게.")
```

그림 A-16 실행 결과

어떤 글씨는 **볼드**로, 어떤 글씨는 *이탤릭*으로 표시할게.

제목 출력하기

st.title(), st.header(), st.subheader() 함수를 사용하지 않고도 st.write()에 마크다운의 제목 기호(#)를 적용해 제목을 출력할 수 있습니다. 큰 제목에는 #를, 중간 제목에는 ##를, 작은 제목에는 ###를 붙이고, 기호 뒤에는 한 칸 띄어쓰기를 해야 합니다.

```
# st.write(): 마크다운 출력
(중략)
# st.write(): 제목 출력
st.write("# 제목")
st.write("## 1장")
st.write("### 1절")
st.write("안녕")
```

그림 A-17 실행 결과

다양한 값 출력하기

st.write()가 만능인 이유는 텍스트뿐만 아니라 숫자, 리스트, 딕셔너리 등 다양한 값이나 자료구조도 출력하기 때문입니다. 심지어 숫자의 연산 결과를 출력할 수도 있습니다.

```python
# st.write(): 제목 출력
(중략)
# st.write(): 숫자 출력
st.write(123)
# st.write(): 계산 값 출력
st.write(10 + 20)
# st.write(): 리스트 출력
my_list = [1, 2, 3, 4, 5]
st.write(my_list)
# st.write(): 딕셔너리 출력
my_dict = {"이름": "홍길동", "나이": 25, "지역": "서울"}
st.write(my_dict)
```

그림 A-18 실행 결과

```
123

30

▼ [
    0 : 1
    1 : 2
    2 : 3
    3 : 4
    4 : 5
  ]

▼ {
    "이름" : "홍길동"
    "나이" : 25
    "지역" : "서울"
  }
```

A.3 레이아웃 설정하기

레이아웃(layout)은 화면에 콘텐츠를 어떤 구조로 배치할지를 정의하는 것입니다. 스트림릿에서 구현할 수 있는 다양한 레이아웃을 살펴보고 실습해 봅시다.

A.3.1 단순화와 맞춤화

프로그래밍 언어의 패키지를 이용해 무언가를 만들 때 가장 먼저 고려해야 할 점은 **단순화**와 **맞춤화** 사이에서 균형을 어떻게 잡을 것인가입니다. 사용자 입장에서 패키지는 일을 수행하기 위한 하나의 도구입니다. 그런데 도구마다 고유한 특징과 한계가 있습니다. 조각상을 만드는 것에 비유하자면, '단순화'에 최적화된 조각 도구는 쉽고 빠르게 조각할 수 있지만 정밀한 표현에는 한계가 있습니다. 반면 '맞춤화'에 최적화된 조각 도구는 표정, 질감과 같은 섬세한 부분을 표현할 수 있지만 그만큼 높은 숙련도와 많은 시간이 필요합니다.

그림 A-19 단순화와 맞춤화

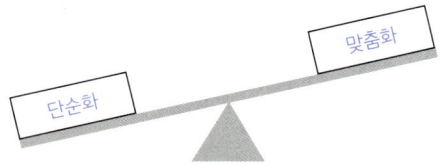

웹 화면을 만들 때 스트림릿은 두 가지 관점 중 '단순화'에 최적화된 도구입니다. 그래서 구현할 수 있는 레이아웃의 유형이 정해져 있으며, 복잡한 웹 화면을 만들기는 어렵습니다. 복잡한 웹 화면을 만들고 싶다면 '맞춤화'에 최적화된 패키지를 이용해야 합니다.

스트림릿의 장점과 한계를 파악했으니 스트림릿을 활용해 만들 수 있는 레이아웃의 유형을 알아봅시다. 실습을 위해 **dev_appendix_3.py** 파일을 생성합니다.

A.3.2 기본 레이아웃

스트림릿의 **기본 레이아웃**(basic layout)은 모든 요소를 위에서 아래로 배치하는 구조입니다. 즉 텍스트를 추가하면 계속해서 아래로 쌓입니다.

```
import streamlit as st

# 기본 레이아웃
st.write("첫 번째 텍스트")
st.write("두 번째 텍스트")
st.write("세 번째 텍스트")
```

새 파일에 코드를 작성했으니 스트림릿 파일을 새로 실행해야 합니다. `Ctrl`+`C`를 눌러 실행 중인 프로그램을 빠져나온 뒤 `streamlit run dev_appendix_3.py` 명령을 실행합니다. Simple Browser의 새로 고침을 클릭하면 결과를 확인할 수 있습니다.

그림 A-20 실행 결과

A.3.3 열 레이아웃

열 레이아웃(column layout)은 화면을 세로로 분할하는 구조로, `st.columns()` 함수로 만듭니다. 열을 만들고 나서 with 키워드를 이용해 열 레이아웃을 활성화한 후, 해당 열에 출력할 내용을 작성합니다.

```
형식    열_변수1, 열_변수2 = st.columns(열_개수)
        with 열_변수1:  # 왼쪽 열 활성화
            st.write("출력문")
        with 열_변수2:  # 오른쪽 열 활성화
            st.write("출력문")
```

2개의 열을 만들고 각 열에 텍스트를 출력해 봅시다. 코드를 저장한 후 Simple Browser의 **Always rerun**을 클릭해 다음 실행부터 자동 반영되게 합니다.

```
import streamlit as st

# 기본 레이아웃
(중략)
# 열 레이아웃
col1, col2 = st.columns(2)      --- ❶ 2개의 열 생성 후 각 열을 변수에 저장
with col1:                       ----- ❷ 왼쪽 열 활성화
    st.write("왼쪽 열!")         ------ ❸ 왼쪽 텍스트 출력
with col2:                       ----- ❹ 오른쪽 열 활성화
    st.write("오른쪽 열!")       ---- ❺ 오른쪽 텍스트 출력
```

그림 A-21 실행 결과

```
왼쪽 열!                                         오른쪽 열!
```

만약 왼쪽 열에만 텍스트를 출력하고 싶다면 오른쪽 열에 해당하는 `with col2:` 구문은 지워도 됩니다.

```
# 열 레이아웃
col1, col2 = st.columns(2)
with col1:
    st.write("왼쪽 열!")
    st.write("이제부터 왼쪽 열만 사용합니다.")
```

그림 A-22 실행 결과

```
왼쪽 열!
이제부터 왼쪽 열만 사용합니다.
```

다양한 비율의 열 레이아웃 만들기

3개의 열을 만들고 가운데 열을 가장 넓게 하려면 어떻게 해야 할까요? 이 경우 `st.columns(3)`처럼 숫자로 열 개수를 지정하는 대신 `st.columns([1, 1, 1])`처럼 리스트를 활용해 열 개수를 지정

하고 각 열의 비율을 설정할 수 있습니다. 리스트 안의 숫자는 열 너비의 비율을 의미합니다. 예를 들어 3개의 열을 동일한 비율로 만들려면 [1, 1, 1]로 설정하고, 가운데 열을 다른 열보다 3배 넓게 만들려면 [1, 3, 1]로 설정합니다.

```
# 열 레이아웃
(중략)
# 비율에 맞춰 열 생성
col1, col2, col3 = st.columns([1, 3, 1])
with col1:
    st.write("첫 번째 열")
with col2:
    st.write("가운데 열 - 가장 넓은 열")
with col3:
    st.write("세 번째 열")
```

그림 A-23 실행 결과

| 첫 번째 열 | 가운데 열 - 가장 넓은 열 | 세 번째 열 |

A.3.4 사이드바 레이아웃

사이드바 레이아웃(sidebar layout)은 사용자에게 필요한 메뉴, 버튼 등을 보여주는 공간으로, 접었다 폈다 할 수 있습니다. 챗GPT 화면 왼쪽에도 사이드바가 있어 그동안의 대화 목록을 확인하고 원하는 대화를 선택해 이어서 작업할 수 있습니다.

그림 A-24 챗GPT의 사이드바

스트림릿에서 사이드바를 생성하는 함수는 **st.sidebar()**입니다. 열 레이아웃과 마찬가지로 with 키워드를 이용해 사이드바를 활성화한 후 코드를 입력합니다.

> **형식**
> ```
> with st.sidebar:
>     st.title("사이드바_제목")
>     st.write("사이드바_텍스트")
>     ...
> ```

그럼 간단한 사이드바를 만들어 봅시다.

```
# 비율에 맞춰 열 생성
(중략)
# 사이드바 레이아웃
with st.sidebar:
    st.title("사이드바")
    st.write("사이드바에 표시할 텍스트")
```

사이드바를 생성하면 펼침 상태가 기본으로 출력됩니다. 마우스 커서를 사이드바 오른쪽 위로 가져가면 〈〈(또는 〈) 기호가 나타나고, 이를 클릭하면 사이드바가 접힙니다.

그림 A-25 실행 결과

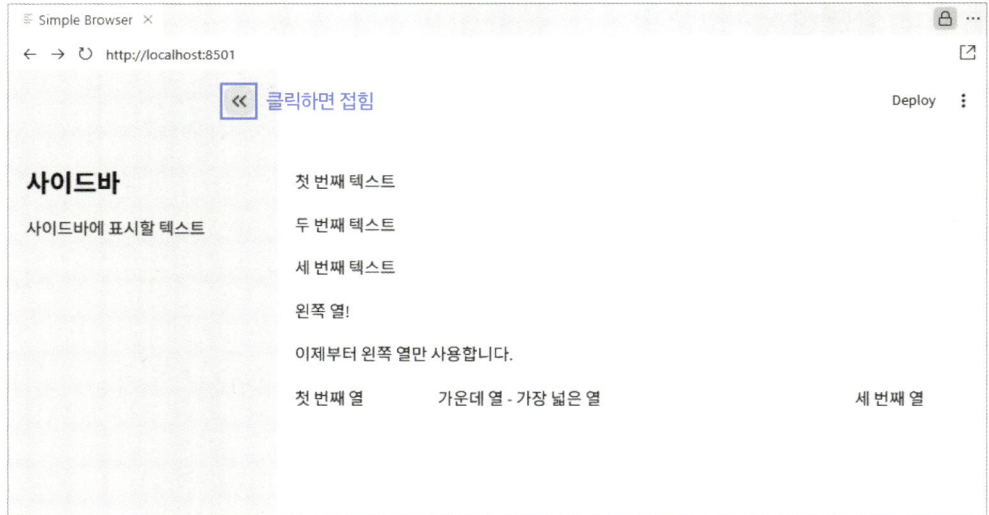

A.3.5 페이지 환경 설정하기

레이아웃 설정 외에도 알아두면 좋은 기능이 있습니다. 바로 웹 페이지의 제목과 아이콘, 웹 페이지 자체 레이아웃 등을 설정하는 기능인 **페이지 환경 설정**입니다. 이를 위해 `st.set_page_config()` 함수를 이용하며, 다른 스트림릿 명령을 실행하기 전에 설정해야 하므로 보통은 코드 상단에 작성합니다.

> **형식**
> ```
> st.set_page_config(
>     page_title = "페이지_제목",   # 웹 페이지 제목
>     page_icon = "🚀",            # 웹 페이지 아이콘
>     layout = "centered"          # 웹 페이지 레이아웃("centered", "wide")
> )
> ```

dev_appendix_3.py의 맨 위 import 문을 제외한 기존 코드를 모두 지우고 다음 코드를 작성합니다. 2개의 열에 인사말을 출력하는 코드입니다.

```
import streamlit as st

# 인사말 출력
col1, col2 = st.columns(2)
with col1:
    st.write("첫 번째 열입니다.")
    st.write("안녕하세요!")
with col2:
    st.write("두 번째 열입니다.")
    st.write("반갑습니다!")
```

Simple Browser가 아닌 웹 브라우저로 가서 새로 고침을 클릭해 결과를 확인합니다. 만약 웹 브라우저를 닫았다면 `Ctrl`+`C`를 눌러 스트림릿 실행을 중지한 다음 `streamlit run dev_appendix_3.py` 명령을 실행해 웹 브라우저를 띄우고 확인합니다.

그림 A-26 웹 브라우저에서 확인한 실행 결과

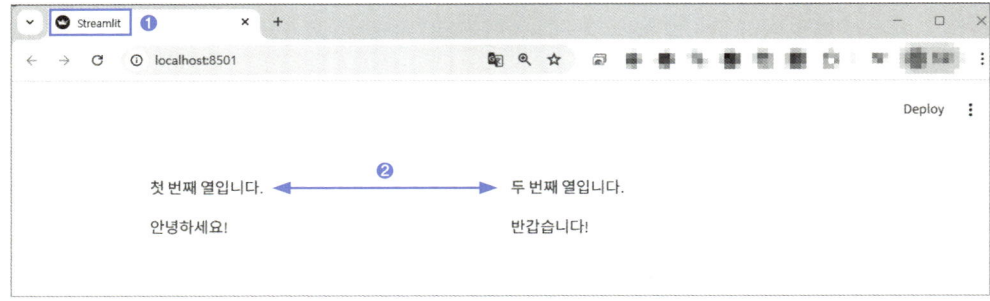

결과 화면에서 다음 두 가지를 주목하세요.

❶ 웹 페이지 제목이 'Streamlit'이고, 제목 왼쪽에는 스트림릿 아이콘이 기본으로 설정돼 있습니다.

❷ 전체적인 웹 페이지 레이아웃은 2개의 열이 가운데에 몰려 있고 양쪽에 여백이 많습니다.

이제 웹 페이지의 제목, 아이콘, 레이아웃 너비를 바꿔 보겠습니다. 아이콘으로 사용할 🤖(로봇) 이모지는 운영체제에 따라 다음 방법으로 입력하세요.

- 윈도우: ⊞ + ; → 이모지 패널에서 '로봇' 검색 → 🤖 이모지 클릭
- 맥OS: control + command + space → 이모지 패널에서 '로봇' 검색 → 🤖 이모지 클릭

```
import streamlit as st

# 페이지 환경 설정
st.set_page_config(
    page_title = "AI 에이전트",  # 웹 페이지 제목
    page_icon = "🤖",            # 웹 페이지 아이콘
    layout = "wide",             # 웹 페이지 레이아웃: 넓게
)
# 인사말 출력
col1, col2 = st.columns(2)
with col1:
    st.write("첫 번째 열입니다.")
    st.write("안녕하세요!")
with col2:
    st.write("두 번째 열입니다.")
    st.write("반갑습니다!")
```

웹 브라우저의 새로 고침을 클릭하면 웹 페이지의 제목과 **파비콘**(favicon, 웹 사이트의 아이콘 이미지)이 바뀌고 열 사이의 너비가 넓어집니다.

그림 A-27 실행 결과

(a) 페이지 환경 설정 전

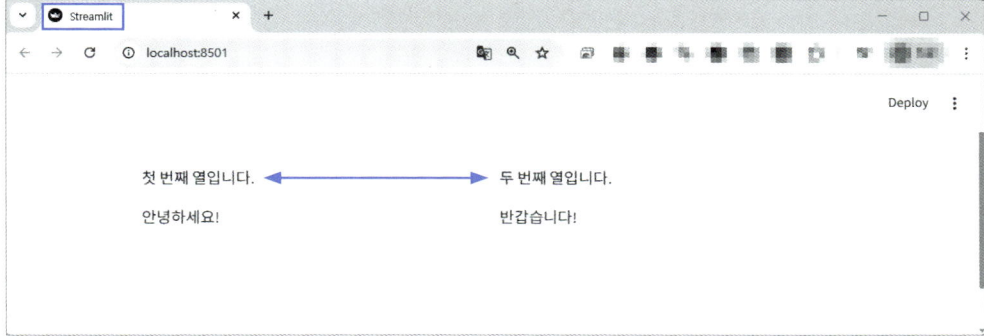

(b) 페이지 환경 설정 후

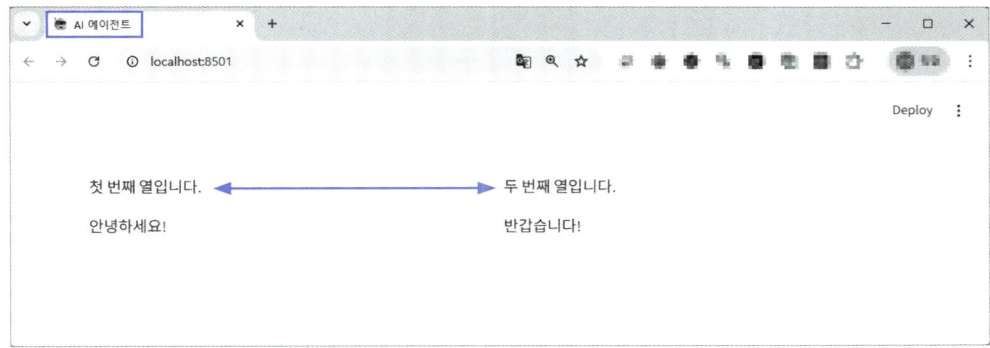

A.4 위젯 사용하기

A.4.1 위젯의 개요

지금까지는 텍스트를 출력해 사용자가 읽기만 할 수 있는 웹 페이지를 만들었습니다. 이는 가장 기본적인 웹 페이지 유형으로, 사용자와의 상호작용 없이 내용을 보여주기만 하며, 대표적인 예로 블로그와 뉴스 웹 페이지를 꼽을 수 있습니다.

그림 A-28 상호작용 없이 내용만 보여주는 블로그(출처: 다비드스튜디오 블로그)

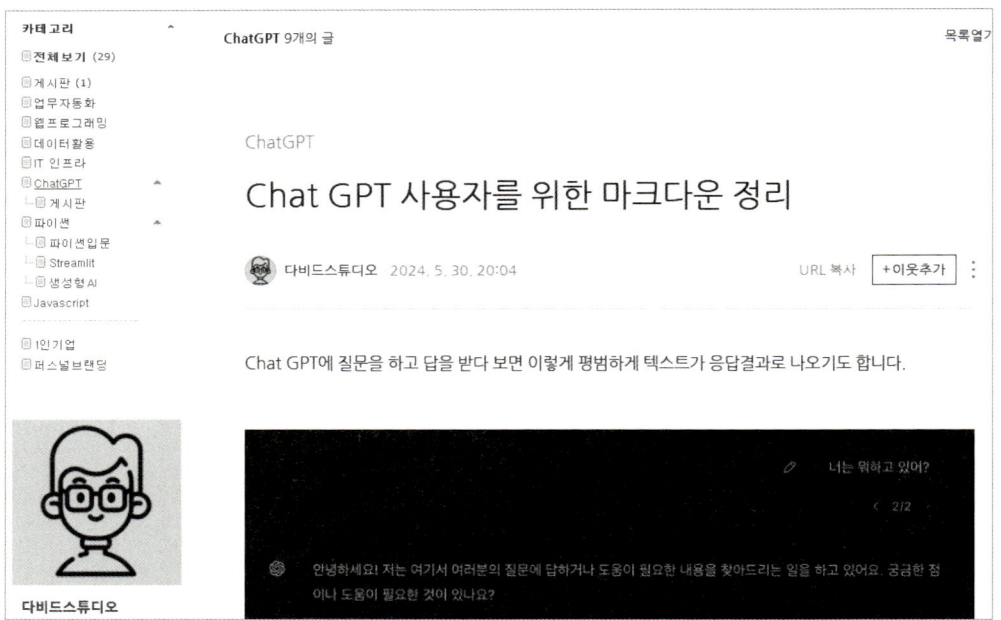

그러나 요즘 대부분의 웹 페이지는 단순히 텍스트를 표시하는 것을 넘어 사용자와의 상호작용을 통해 더 개인화되고 실시간으로 반응하는 화면을 제공합니다. 예를 들어 서점 사이트의 장바구니에서 -, + 버튼을 클릭해 책의 수량을 조절하면 자동으로 합계 금액이 뜨는데, 이는 웹 화면에서 사용자와 상호작용할 수 있도록 제작했기 때문입니다.

그림 A-29 상호작용이 있는 웹 페이지(출처: 교보문고)

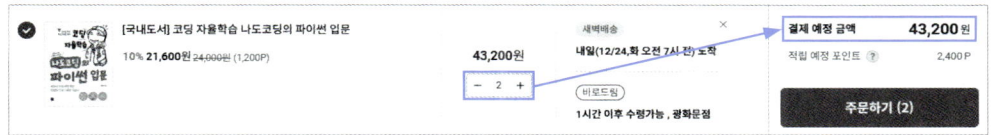

스트림릿의 위젯을 이용하면 사용자의 버튼 클릭, 입력, 마우스 움직임에 따라 실시간으로 반응하는 웹 페이지를 만들 수 있습니다. **위젯**(widget)은 사용자와 프로그램이 상호작용할 수 있도록 제공되는 UI 구성 요소입니다. 버튼, 슬라이더, 드롭다운 메뉴 등 다양한 형태가 있으며, 사용자가 입력한 데이터를 프로그램으로 전달하거나 결과를 표시하는 역할을 합니다.

스트림릿이 제공하는 위젯의 종류는 스트림릿 홈페이지(https://docs.streamlit.io/develop/api-reference/widgets)에서 확인할 수 있습니다.

그림 A-30 스트림릿의 다양한 위젯

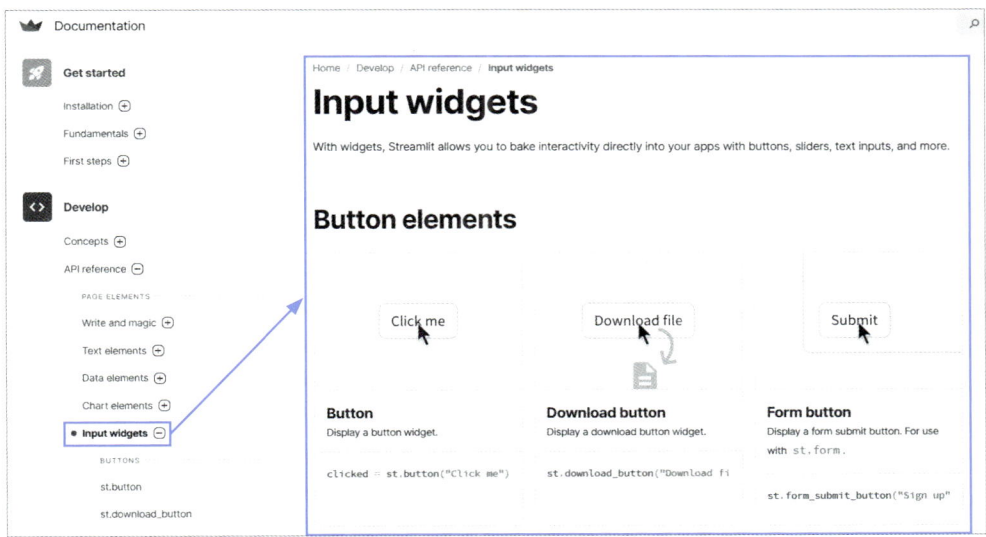

다양한 위젯 가운데 가장 많이 사용되는 위젯을 4개의 카테고리로 나눠 살펴봅시다.

❶ **버튼 위젯:** 사용자가 클릭할 수 있는 버튼 형태의 위젯입니다. 버튼을 클릭하면 특정 동작이 실행되는 `st.button()`, 버튼을 클릭하면 다른 링크로 넘어가는 `st.link_button()` 등이 있습니다.

❷ **입력 위젯:** 사용자가 입력한 텍스트를 인식해 작동하는 위젯입니다. 가장 기본적인 텍스트

입력 위젯인 st.text_input(), 대화형 챗봇에서 자주 쓰이는 st.chat_input() 등이 있습니다.

❸ **선택형 위젯**: 주어진 옵션 중에서 선택하기 위한 위젯입니다. 여러 옵션 중에서 하나만 선택하는 st.selectbox(), 복수 선택이 가능한 st.multiselect() 등이 있습니다.

❹ **파일 위젯**: 파일 업로드 및 다운로드와 관련된 위젯입니다. PDF, MS워드 파일을 업로드할 수 있는 st.file_uploader(), 웹 페이지 데이터를 다운로드할 수 있는 st.download_button() 등이 있습니다.

위젯을 실습하기 위해 **dev_appendix_4.py** 파일을 생성합니다.

A.4.2 버튼 위젯

버튼 위젯(button widget)은 사용자가 버튼을 눌렀을 때 특정 동작을 실행합니다.

st.button()

st.button() 은 기본적인 버튼을 생성합니다.

> **형식**   st.button("버튼에_표시할_문자열")

새 버튼을 만들고 button 변수에 저장해 봅시다.

```
import streamlit as st

# 기본 버튼 생성
button = st.button("클릭하세요")
```

새 파일에 코드를 작성했으니 Ctrl + C 를 눌러 실행 중인 스트림릿을 빠져나온 후 **streamlit run dev_appendix_4.py** 명령으로 코드를 다시 실행합니다. Simple Browser의 새로 고침을 클릭하면 버튼이 생성된 것을 볼 수 있습니다.

버튼을 만들어 button 변수에 저장한 것은 사용자가 버튼을 클릭했는지 여부를 저장하기 위함입니

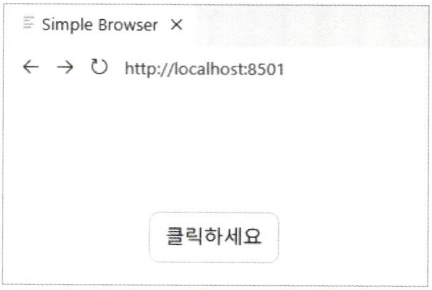

그림 A-31 실행 결과

다. 버튼을 클릭했다면 button 변수에 True가 저장되고, 클릭하지 않았다면 False가 저장됩니다. 버튼을 클릭했을 때 어떤 값이 출력되는지 확인하기 위해 앞의 코드에 st.write(button) 문을 추가해 봅시다.

```
import streamlit as st

# 기본 버튼 생성
button = st.button("클릭하세요")
st.write(button)
```

처음에는 False가 출력되고, 이후 버튼을 클릭하면 True로 바뀝니다.

그림 A-32 버튼 클릭 전과 후

이처럼 위젯 변수를 이용하면 버튼 클릭, 텍스트 입력 등 사용자와 상호작용한 데이터를 저장해 활용할 수 있습니다. 예를 들어 버튼을 클릭했을 때 특정 동작이 실행되게 하려면 다음과 같이 if 문을 작성하면 됩니다.

```
import streamlit as st

# 기본 버튼 생성
button = st.button("클릭하세요")
if button:
    st.write("버튼을 클릭한 경우에만 출력하는 내용")
```

그림 A-33 실행 결과

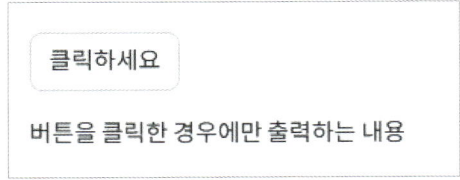

st.link_button()

클릭하면 새 탭에서 웹 페이지가 열리는 버튼은 **st.link_button()**으로 만듭니다.

> **형식** st.link_button("버튼에_표시할_텍스트", "연결할_링크_주소")

클릭했을 때 네이버 사이트가 새로 열리는 버튼을 생성해 봅시다.

```
# 기본 버튼 생성
(중략)
# 링크 바로가기 버튼 생성
st.link_button("네이버로 가기", "https://naver.com")
```

웹 브라우저의 탭을 이용하는 기능은 Simple Browser에서 테스트하기 어렵습니다. 따라서 웹 브라우저의 새로 고침을 클릭해 결과를 확인하세요. 웹 브라우저에서 [네이버로 가기] 버튼을 클릭하면 새 탭이 열리면서 네이버로 연결됩니다.

그림 A-34 웹 브라우저에서 확인한 실행 결과

A.4.3 입력 위젯

입력 위젯(input widget)은 사용자가 텍스트를 입력할 수 있도록 텍스트 입력창을 만들기 위한 위젯입니다. 이를 이용하면 사용자가 입력한 텍스트를 변수에 저장해 활용할 수 있습니다.

st.text_input()

st.text_input()은 기본적인 텍스트 입력창을 생성합니다.

> **형식** `st.text_input("텍스트_입력_안내_문구")`

텍스트 입력창을 만들고 `user_text` 변수에 저장해 봅시다. 이렇게 하면 사용자가 입력한 텍스트가 `user_text` 변수에 저장됩니다.

```
# 링크 바로가기 버튼 생성
(중략)
# 텍스트 입력 위젯
user_text = st.text_input("무슨 과일을 좋아하세요?")
```

그림 A-35 실행 결과

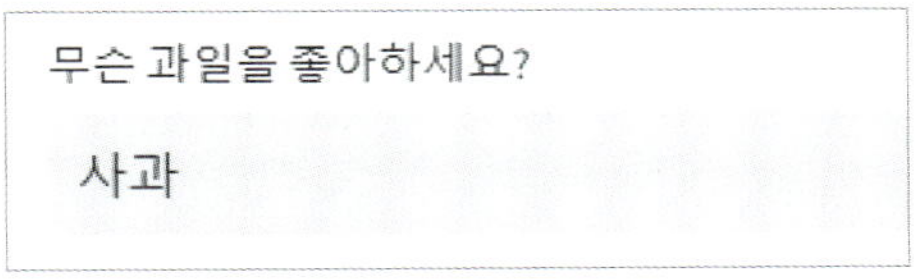

그런데 결과 화면의 텍스트 입력창에 내용을 입력해도 잘 입력됐는지 알 수가 없습니다. 이를 확인하기 위해 다음 코드를 추가합니다. `if` 문으로 `user_text` 변수에 값이 있는지 확인하고, 값이 있으면 `st.write()`로 출력하는 코드입니다.

```
# 텍스트 입력 위젯
user_text = st.text_input("무슨 과일을 좋아하세요?")
if user_text:
    st.write(f"당신은 {user_text}를 좋아하는군요.")
```

실행 화면에서 사과를 입력하고 Enter 를 누르면 당신은 사과를 좋아하는군요. 라는 텍스트가 출력됩니다. 처음 웹 페이지를 실행했을 때는 `user_text` 변수에 값이 없다가 사용자가 텍스트를 입력하는 순간 `user_text` 변수에 텍스트가 저장되고 `if` 문이 실행됩니다.

그림 A-36 실행 결과

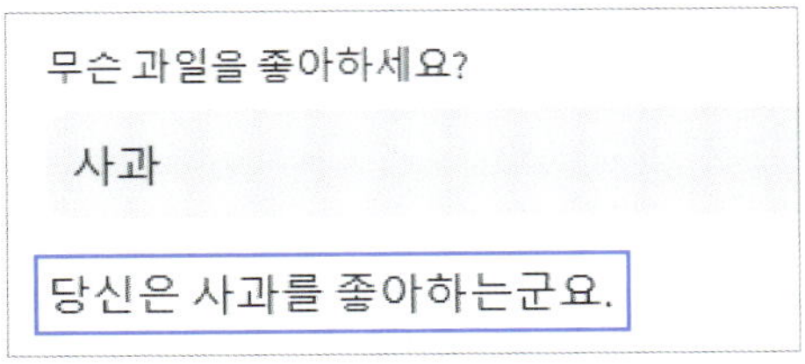

st.chat_input()

st.chat_input() 은 챗봇 전용 텍스트 입력창을 만드는 명령으로, 사용법은 st.text_input()과 같습니다. 앞의 코드를 복사해 붙여넣은 후 st.text_input()을 st.chat_input()으로 바꿔봅시다.

```
# 텍스트 입력 위젯
(중략)
# 채팅 입력 위젯
user_text = st.chat_input("무슨 과일을 좋아하세요?")
if user_text:
    st.write(f"당신은 {user_text}를 좋아하는군요.")
```

코드를 실행하면 똑같은 입력창이 나타나지만 두 가지 차이점이 있습니다.

그림 A-37 실행 결과

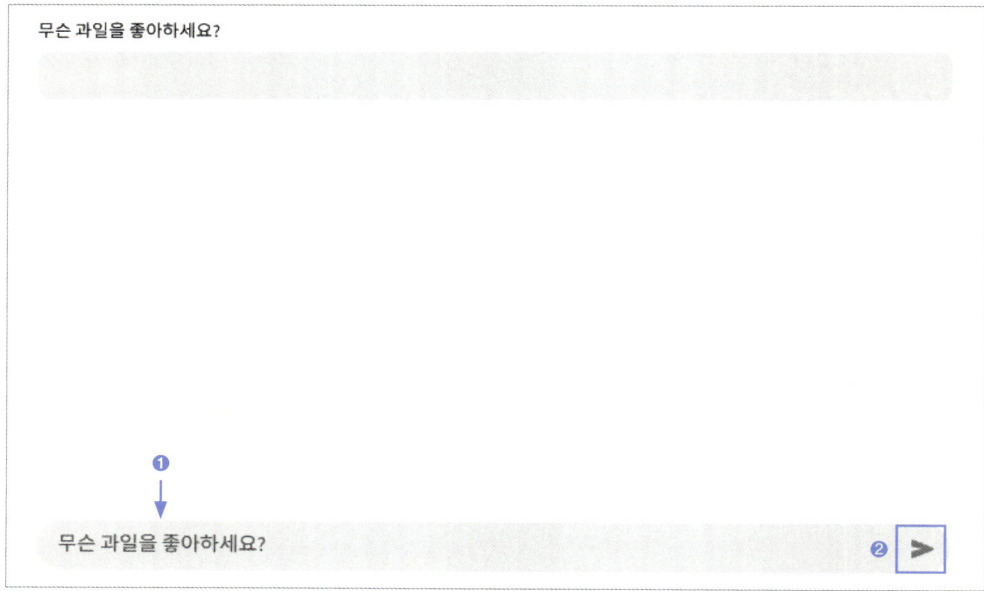

❶ 챗GPT처럼 입력창이 화면 하단에 고정됩니다.

❷ 사용자가 클릭해 텍스트를 보낼 수 있는 전송 아이콘이 생성됩니다.

A.4.4 선택형 위젯

선택형 위젯(selection widget)은 주어진 옵션 중 하나 또는 여러 개를 선택할 때 사용합니다. 텍스트를 일일이 입력할 필요 없이 간단히 클릭만 하면 되기 때문에 사용자 친화적인 웹 페이지를 만들 수 있습니다.

st.selectbox()

`st.selectbox()`는 하나의 옵션을 드롭다운 형태로 고르는 선택창을 생성합니다. 괄호 안에는 옵션 안내 문구를 넣고, 리스트 형태로([ ]) 선택 옵션을 나열합니다.

> **형식**   `st.selectbox("선택지_안내_문구", [옵션1, 옵션2, 옵션3, …])`

사과, 바나나, 체리 중 하나를 선택할 수 있는 선택창을 만들고 `option` 변수에 저장해 봅시다.

```
# 채팅 입력 위젯
(중략)
# 드롭다운 선택 위젯
option = st.selectbox("좋아하는 과일을 선택하세요.", ["사과", "바나나", "체리"])
st.write(f"선택한 과일: {option}")
```

코드를 실행하면 드롭다운된 선택창이 생성되고, 선택창에서 한 항목을 선택하면 그것이 그대로 출력됩니다.

그림 A-38 실행 결과

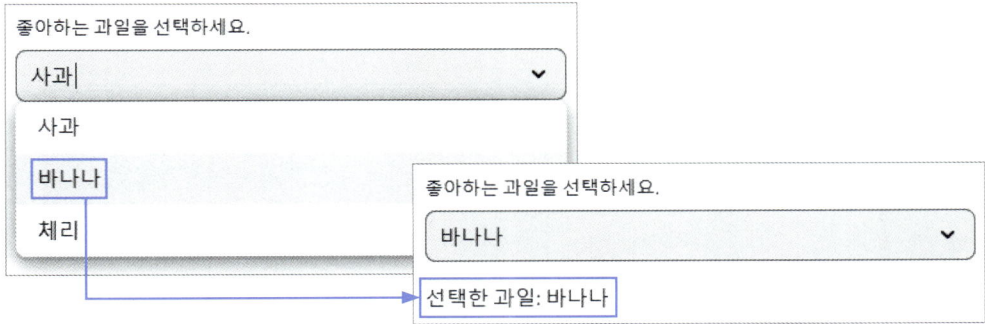

st.multiselect()

여러 항목을 선택할 수 있는 선택창을 만들고 싶을 때는 `st.multiselect()`를 이용합니다.

> **형식** st.multiselect("선택지_안내_문구", [옵션1, 옵션2, 옵션3, …])

앞의 코드를 복사해 붙여넣은 후, 과일을 여러 개 선택할 수 있도록 st.selectbox()를 st.multiselect()로 수정합니다. 여러 항목을 선택할 수 있으니 변수명도 option에서 options로 수정합니다. options의 데이터는 리스트 형태로 저장됩니다.

```
# 드롭다운 선택 위젯
(중략)
# 드롭다운 다중 선택 위젯
options = st.multiselect("좋아하는 과일을 모두 선택하세요.", ["사과", "바나나", "체리"])
st.write(f"선택한 과일들: {options}")
```

코드를 실행하면 선택한 과일이 리스트 형태로 출력됩니다.

그림 A-39 실행 결과

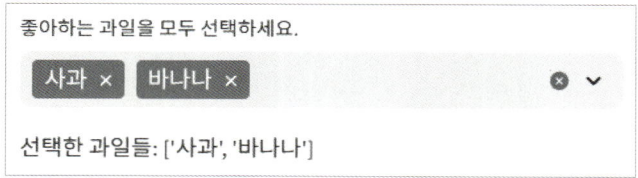

A.4.5 파일 위젯

파일 위젯(file widget)은 파일을 업로드하거나 다운로드할 때 사용합니다.

st.file_uploader()

st.file_uploader()는 PDF, MS워드, 엑셀 등 다양한 형식의 파일을 업로드하는 위젯을 생성합니다.

> **형식** st.file_uploader("업로드_안내_문구")

파일 업로드 위젯을 만들고 uploaded_file 변수에 저장해 봅시다.

```
# 드롭다운 다중 선택 위젯
(중략)
# 파일 업로드 위젯
uploaded_file = st.file_uploader("파일을 업로드하세요.")
```

코드를 실행하면 파일 업로드 위젯이 생성되며, 이 위젯에 파일을 드래그하거나 [Browse files] 버튼을 클릭해 파일을 업로드할 수 있습니다.

그림 A-40 실행 결과

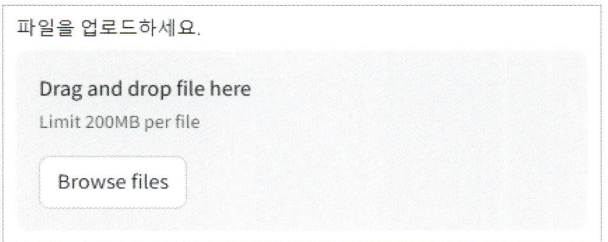

그렇다면 업로드한 파일을 어떻게 읽고 처리할 수 있을까요? 앞서 파일 업로드 위젯을 만들고 이를 uploaded_file 변수에 저장했습니다. 그러면 uploaded_file 변수에 파일 업로드 객체가 저장되는데, 객체의 속성과 메서드를 활용하면 파일의 각종 정보를 조회할 수 있습니다.

- **파일 이름 조회:** uploaded_file.name
- **파일 내용 조회:** uploaded_file.read()
- **파일 크기 조회:** uploaded_file.size

객체(object)는 값(데이터)과 동작(함수)을 함께 담고 있는 파이썬의 기본 단위입니다. 예컨대 앞에서 살펴본 uploaded_file도 업로드한 파일 데이터를 저장하는 객체입니다. 객체에는 속성과 메서드가 포함되며, .(점) 연산자를 사용해 속성과 메서드에 접근할 수 있습니다.

- **속성**(property): 객체에 저장된 값을 그대로 보여주며, 괄호 없이 사용합니다. uploaded_file.name, uploaded_file.size에서 .name과 .size가 바로 속성입니다.
- **메서드**(method): 함수처럼 어떤 동작을 수행하고 결과를 반환하며, 괄호를 붙여 사용합니다. uploaded_file.read()에서 .read()가 바로 메서드입니다.

연습용 파일을 생성하고 확인해 보겠습니다. 간단한 정보가 담긴 **test.txt** 파일을 ai_agent 폴더에 만들고 저장합니다.

그림 A-41 test.txt 생성

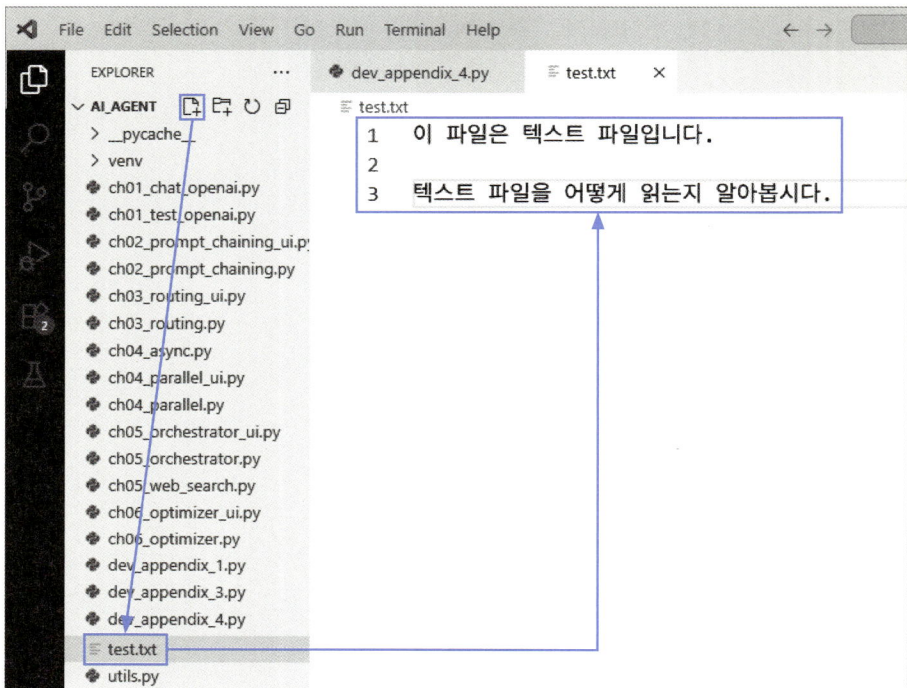

업로드된 파일의 내용을 읽기 위해 다음 코드를 추가합니다.

```
# 파일 업로드 위젯
uploaded_file = st.file_uploader("파일을 업로드하세요.")
if uploaded_file: ------------------- ①
    st.write(uploaded_file.name) --- ②
    file_content = uploaded_file.read().decode("utf-8") --- ③
    st.write(file_content) --------- ④
```

❶ 파일을 업로드한 경우에만 코드가 실행되도록 if 문을 작성합니다.

❷ 업로드된 파일의 이름을 출력합니다.

❸~❹ 업로드된 파일의 내용을 읽어 file_content 변수에 저장한 후 출력합니다.

파일 업로드 기능은 Simple Browser에서 실행할 수 없기 때문에 웹 브라우저의 새로 고침을 클릭해 결과를 확인합니다. 파일 업로드 위젯의 [Browse files] 버튼을 클릭해 **test.txt** 파일을 선택하면 위젯 아래에 test.txt 파일의 내용이 출력됩니다.

그림 A-42 실행 결과

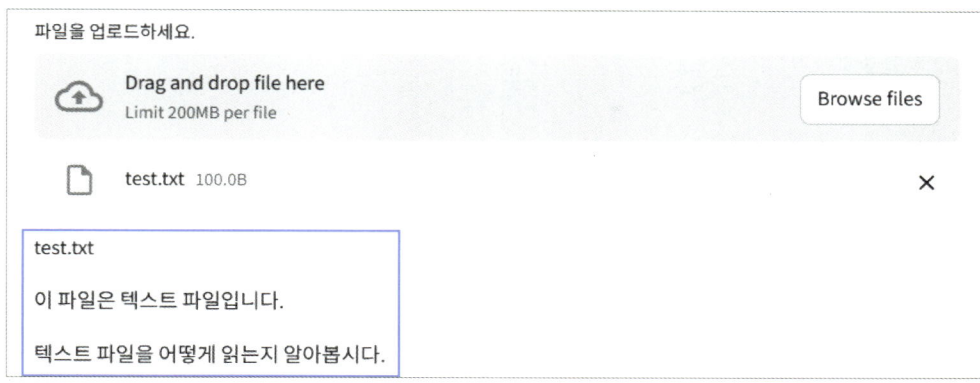

st.download_button()

st.download_button() 은 웹 페이지의 출력 결과를 파일로 다운로드하는 버튼을 생성합니다.

```
형식    st.download_button(
            "버튼에_표시할_문자열",
            data = 다운로드할_데이터,
            file_name = "결과_파일명"
        )
```

data 변수에 문자열을 저장하고 이를 **결과.txt** 파일로 다운로드하는 버튼을 만들어 봅시다.

```python
# 파일 업로드 위젯
(중략)
# 파일 다운로드 위젯
data = """여러 줄의 예제 텍스트를 작성해 다운로드 기능을 테스트합니다.
이 텍스트는 Streamlit에서 다운로드 버튼을 누르면 저장됩니다.
예제 텍스트를 다운로드해 기능을 확인해 보세요.
"""
download_button = st.download_button(
    "텍스트 다운로드",
    data = data,
    file_name = "결과.txt"
)
```

파일 업로드 위젯과 마찬가지로 웹 브라우저의 새로 고침을 클릭해 결과를 확인합니다. [텍스트 다운로드] 버튼을 클릭하면 **결과.txt** 파일이 다운로드됩니다.

그림 A-43 실행 결과

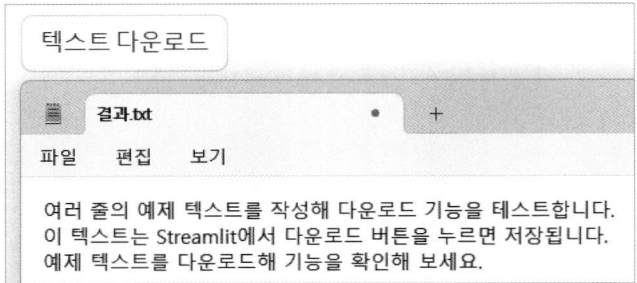

A.5 세션 상태 관리하기

세션 상태(session status)란 웹 프로그램과 사용자가 서로 소통할 때의 **실행 중인 상태**를 말합니다. 이를 이용하면 웹 프로그램과 사용자가 주고받는 정보나 값을 기억할 수 있습니다. 세션 상태를 이용하지 않을 때 어떤 문제점이 있는지 알아보고, 세션 상태를 이용해 이를 해결해 봅시다.

A.5.1 세션 상태 없이 카운터 만들기

버튼을 클릭할 때마다 숫자를 세는 프로그램을 만들어 보겠습니다. 즉 버튼을 세 번 클릭하면 3을 출력하고 다섯 번 클릭하면 5를 출력하는 프로그램입니다. **dev_appendix_5.py** 파일을 생성하고 실습을 진행합니다.

st.button()으로 버튼 위젯을 만든 후 if 문으로 카운트 값을 증가시키는 코드를 작성합니다.

```python
import streamlit as st

counter = 0
button = st.button("카운터 증가")
if button:
    counter = counter + 1
st.write(counter)
```

Ctrl + C 를 눌러 실행 중인 스트림릿을 빠져나온 후 **streamlit run dev_appendix_5.py** 명령으로 코드를 실행합니다. 그런데 [카운터 증가] 버튼을 클릭하면 이상한 결과가 나옵니다. 처음에는 0에서 1로 증가하지만 그 뒤로는 버튼을 클릭해도 숫자가 증가하지 않습니다.

그림 A-44 실행 결과

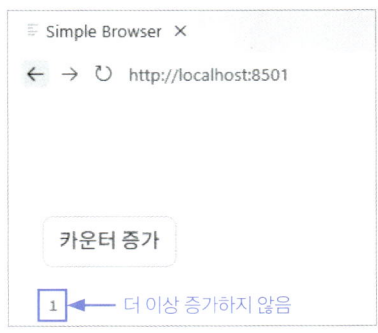

이는 스트림릿의 위젯 실행 원리 때문입니다. 스트림릿에서 버튼 클릭, 텍스트 입력, 드롭다운 선택, 파일 업로드/다운로드 등의 위젯을 실행하면 그때마다 페이지를 새로 고침 해 전체 코드를 다시 실행합니다. 따라서 버튼을 계속 클릭해도 counter 변수가 0으로 초기화돼 0에서 1로만 바뀔 뿐 숫자가 더 이상 커지지 않습니다.

이러한 문제를 해결하기 위해 스트림릿에서는 '세션 상태'라는 개념을 사용합니다. 세션 상태를 이용하면 위젯이 재실행되더라도 값이 초기화되지 않아 다음 작업을 할 수 있습니다.

A.5.2 세션 상태로 카운터 만들기

카운터 프로그램의 문제는 버튼을 클릭할 때마다 counter 변수의 값이 0으로 초기화되는 것입니다. 이를 해결하려면 버튼을 클릭해도 계속 값이 유지되도록 counter 변수를 세션 상태로 정의해야 합니다.

특정 숫자 변수를 세션 상태로 관리하는 방법은 다음과 같습니다. 변수명 대신 새로운 **세션 상태명**을 st.session_state 뒤에 정의하는데, 이때 해당 세션 상태가 존재하는지 확인하고 세션 상태가 없으면 0으로 초기화한 후 사용합니다.

> **형식**
> ```
> # 세션 상태의 존재 여부 확인 후 초기화
> if "세션_상태명" not in st.session_state:
>     st.session_state.세션_상태명 = 0
> # 세션 상태 값 증가
> st.session_state.세션_상태명 = st.session_state.세션_상태명 + 1
> # 세션 상태 값 감소
> st.session_state.세션_상태명 = st.session_state.세션_상태명 - 1
> ```

세션 상태를 이용해 카운터 프로그램을 수정해 봅시다.

```
import streamlit as st

# ❶ 세션 상태 초기화
if "counter" not in st.session_state:
    st.session_state.counter = 0

button = st.button("카운터 증가")

if button:
```

```
    # ❷ 세션 상태 값 증가
    st.session_state.counter = st.session_state.counter + 1

# ❸ 세션 상태 출력
st.write(st.session_state.counter)
```

❶ counter라는 세션 상태가 있는지 확인하고, 없으면 0으로 초기화합니다.

❷ 버튼이 눌리면 counter 세션 상태 값을 1만큼 증가시킵니다.

❸ counter 세션 상태를 출력합니다.

코드를 실행하면 카운터가 정상적으로 증가합니다.

그림 A-45 실행 결과

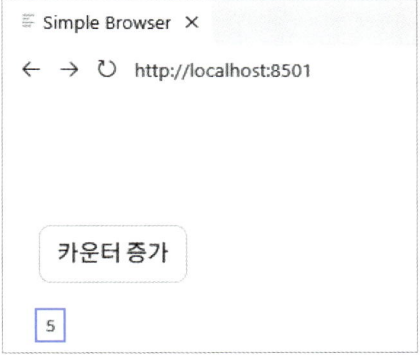

관리할 수 있는 세션 상태의 개수는 제한이 없습니다. 세션 상태명을 다르게 정의하면 수많은 세션 상태를 관리할 수 있습니다. **dev_application.py** 파일을 새로 생성한 후 버튼 3개가 각각 카운트되는 프로그램을 만들어 봅시다.

dev_application.py

```
import streamlit as st

# 세션 상태 초기화
if "counter1" not in st.session_state:
    st.session_state.counter1 = 1
if "counter2" not in st.session_state:
    st.session_state.counter2 = 2
if "counter3" not in st.session_state:
    st.session_state.counter3 = 3
```

```
# 버튼 생성 및 세션 상태 업데이트
button1 = st.button("카운터 1: 1부터 시작해 1씩 증가")
button2 = st.button("카운터 2: 2부터 시작해 2씩 증가")
button3 = st.button("카운터 3: 3부터 시작해 3씩 증가")
if button1:
    st.session_state.counter1 = st.session_state.counter1 + 1
if button2:
    st.session_state.counter2 = st.session_state.counter2 + 2
if button3:
    st.session_state.counter3 = st.session_state.counter3 + 3

# 세션 상태 출력
st.write("카운터 1:", st.session_state.counter1)
st.write("카운터 2:", st.session_state.counter2)
st.write("카운터 3:", st.session_state.counter3)
```

Ctrl+C를 눌러 실행 중인 스트림릿을 빠져나온 후 **streamlit run dev_application.py** 명령으로 코드를 실행하면 각 버튼을 클릭할 때마다 해당 카운터의 숫자가 각각 증가합니다.

그림 A-46 실행 결과

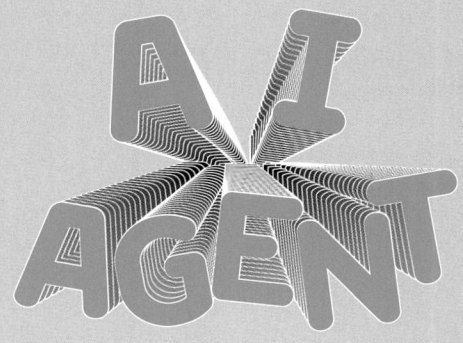

정리하기 퀴즈 정답

2장

1 복잡한 작업을 작게 나눠 단계별로 처리하는 방식이다.

2 ④

3 ①

4 입력 데이터(맥락, 중간 결과)로 사용된다.

5 ④

3장

1 사용자의 질문을 분석해 적절한 경로로 요청을 분배한다.

2 미리 정의된 키워드를 대응시키는 등 명시적 규칙에 따라 분류한다.

3 ③

4 ④

5 ①× ②○ ③○

4장

1 여러 작업을 동시에 실행해 처리 속도와 응답 품질을 향상한다.

2 ①○ ②○

3 ②

4 ③(오류 발생의 가능성이 줄어드는 것은 아님)

5 ①○ ②○ ③×(responses의 자료형은 리스트)

5장

1. 오케스트레이터 — 하위 작업 분해 및 배분
   워커 — 각 하위 작업 수행
   애그리게이터 — 결과를 취합해 최종 결과 도출
2. ①
3. ③
4. LLM이 웹 검색 기능("type": "web_search_preview")을 사용할 수 있도록 단순히 텍스트를 생성하는 chat.completions.create() 대신 responses.create()를 사용했다.
5. ①×(하위 질문이 아니라 오케스트레이터용 프롬프트 생성) ②○ ③○

6장

1. ① 최적화 에이전트 ② 평가 에이전트
2. 목표한 품질 수준에 도달할 때까지 응답을 정교화하기 위해
3. ②
4. 이전 결과와 평가 내용을 참고해 다음 개선에 반영하기 위해
5. ①×(평가 결과가 PASS가 될 때까지 수행하되 최대 반복 횟수는 5회) ②○
   ③○ ④×(마지막 시도의 요약문 반환) ⑤○

찾아보기

한글

가상 환경　025
경량 모델　084
규칙 기반 라우팅　082
동기 방식　106
라우팅　074
리스트 컴프리헨션　145
마크다운　191
범용 모델　084
병렬 처리　101
비동기 방식　106
세션 상태　217
스트림릿　184
시스템 프롬프트　075
애그리게이터　127
에이전틱 시스템　016
오케스트레이터　126
오케스트레이터-워커　126
워커　126
워크플로 패턴　018
웹 검색　133
유틸리티 함수　056
최적화 에이전트　160
추론 모델　084
토큰　030
패키지　028
평가 에이전트　160
평가-최적화　160
프롬프트　050
프롬프트 체이닝　050

영문

AI 모델　084
AI 에이전트　016
API　038
API Key　038
asyncio　107
CoT　052
LLM　017
prompt　050
responses 호출 방식　136
web search　133
widget　205